Marian Green

Naturmagie

Edition Roter Löwe

Der rote Löwe verkörpert die belebende, antreibende Energie von Sulfur, einem der Grundelemente im alchimistischen Transmutationsprozeß. Sulfur ist die Kraft, die verändert, veredelt und auf eine höhere Ebene bringt. Ziel dieser Edition ist es, esoterisches Wissen und Erkenntnisse aus der transpersonalen Psychologie verständlich und komprimiert darzustellen und damit ganz persönliche Wandlungsprozesse in Gang zu bringen. Alle Bücher enthalten Übungen und Anleitungen für die praktische Arbeit.

In derselben Reihe:
Alchimie
Buddhismus
Die Chakras
Die Göttin
Der Gral
Die Kabbala
Pendeln
Psychosynthese
Ritualmagie
Sufi-Praxis
Taoismus
Visualisieren

Marian Green

Naturmagie

Edition Roter Löwe im
AURUM VERLAG · BRAUNSCHWEIG

Die englische Originalausgabe erschien 1989 unter dem Titel »The Elements of Natural Magic« im Verlag Element Books Ltd., Longmead, Shaftesbury, Dorset.

Ins Deutsche übersetzt von Pamela Kösling.

Gesamtgestaltung: Sabine Schönauer-Kornek.
Umschlagfoto:
»Indian Paintbrush«, SSI/Bavaria Bildagentur.

Die Deutsche Bibliothek – CIP-Einheitsaufnahme

Green, Marian:
Naturmagie / Marian Green. [Übers.: Pamela Kösling]. –
Braunschweig : Aurum-Verl., 1992
(Edition Roter Löwe)
Einheitssacht.: The elements of natural magic <dt.>
ISBN 3-591-08322-4

1992
ISBN 3-591-08322-4

Gesamtherstellung:
Chemnitzer Verlag und Druck GmbH, Werk Zwickau

Inhalt

Dieses Buch widme ich meiner Mutter.

Heilige Frau und Menschheitsretterin immerdar, allezeit hilfreicher Hort der Erdenkinder, ja du erweisest süße Mutterliebe den Elenden und Geschlagenen! Nicht Tag noch Nacht oder auch nur ein kurzer Augenblick vergeht ohne deine Gnadenwirkung; keiner, da du nicht zu Meer und Land die Menschen behütest, Gewitter des Lebens verscheuchst und deine Rechte zur Hilfe reichst...

Apuleius: *Der goldene Esel* (München 1958)

Vorwort

Ich will gleich zu Beginn meine Theorie über die Unterweisung in okkulten Dingen erläutern. Man hat mich schon des öfteren gefragt, warum ich keine Bücher schreibe, die sich mit der höheren Magie beschäftigen und besonders für Leser interessant wären, die meine früheren Arbeiten bereits kennen. Es wird argumentiert, daß ich mich immerhin fast dreißig Jahre lang mit dem Okkulten beschäftigt habe und daher auch fortgeschrittenere Techniken und Rituale kennen müsse. Das trifft natürlich zu. Es gibt für mich jedoch drei außerordentlich überzeugende Gründe, dieses Wissen nicht in Büchern zu veröffentlichen, die auch ungeübten und vielleicht gerade deshalb um so begeisterungsfähigeren Schülern zugänglich wären:

1. Jeder Lehrer, der magisches Wissen vermittelt, trägt die Verantwortung für seine Schüler. Wer sich seit vielen Jahren mit Theorie und Praxis der Magie beschäftigt, ist sich der Gefahr bewußt, die der Einstieg in die Arbeit mit dem Okkulten mit sich bringt. Es ist eine gute Sache, die Grundlagen zu vermitteln, denn wer diese beherrscht, ist in der Lage, sich selbst weiterzubilden und sich allmählich auch mit schwierigeren Dingen zu befassen. Im Rahmen einer Schule wird jeder Schüler unter sorgfältiger Anleitung mit der Ebene der Magie vertraut gemacht, die seinen Fähigkeiten entspricht und mit der er umgehen kann, ohne den Boden unter den Füßen zu verlieren. Bei einem Buch kann man nie sicher sein, ob sich der unvorbereitete und unvorsichtige Neuling nicht an Übungen wagt, über die er dann keine Kontrolle mehr hat. Ich würde doch niemals ein noch so intelligentes Kind auf der Autobahn ans Steuer

eines schnellen Wagens lassen! Selbst wenn dieses Kind das Auto auf dem Gartenweg beim Haus sicher bewegt, verfügt es gewiß nicht über die nötige Kraft, das Können und die Umsicht, es auch außerhalb des geschützten Bereichs zu beherrschen. Ich unterrichte in der Tat auch Magie einer höheren Ebene, doch das geschieht ausschließlich in direktem Kontakt, von Angesicht zu Angesicht. Es kommen dafür nur solche Schüler in Frage, deren Fähigkeiten und Absichten ich ganz genau kenne.

2. Wenn Sie die Bücher über das magische Grundwissen sorgfältig durcharbeiten, die Übungen gewissenhaft ausführen, bis Sie die Techniken beherrschen und auch die dazu erforderliche mentale Konzentration aufbringen, führen diese Meditationen schließlich jene Veränderungen des Bewußtseinszustandes herbei, in dem Magie zu Realität wird, und Sie kommen direkt in Kontakt mit dem eigenen inneren Lehrer. Ihr Engel oder das Höhere Selbst wird Sie alles über die Magie lehren, was Sie sich nur wünschen können, und zwar auf für Sie verständliche Weise, in einem Tempo und auf einer Ebene, die auf Sie persönlich zugeschnitten sind. Die bloße Nachahmung eines »höheren Zeremoniells« oder gewisser Praktiken der »Dritten Stufe der Initiation« nützt keinem, der noch nicht dafür bereit ist. Es könnte dadurch sogar großer Schaden angerichtet werden.

In der Tat gibt es echte Drachen, denen man begegnen kann, noch ehe man darauf vorbereitet ist, sich mit ihnen auseinanderzusetzen. Erst wenn der Schüler die Grundlagen beherrscht (das ist frühestens nach zwei Jahren der Fall), kann er die eigenen Kontaktpersonen darum bitten, ihn in die höheren Stufen der Magie einzuführen oder den Kontakt mit einer Schule herzustellen, die ihn weiterbringt. Jeder Schüler kann die gewünschten Fortschritte machen, entweder allein für sich oder unter der direkten Anleitung einer Schule, einer Loge, einer Verbindung oder irgendeiner anderen Gruppe. Wer es allein versucht, muß zuerst durch intensives regelmäßiges Üben, durch persönlichen Einsatz und eigene Anstrengung eine Verbindung mit seinem Höheren Selbst herstellen.

3. Die Beschäftigung mit der Magie spielt sich weitgehend auf der experimentellen Ebene ab und ist eine Sache der persönlichen Erfahrung. Es ist genau wie beim Schwimmen, beim Radfahren oder beim Spielen eines Musikinstruments: Nur durch Übung gewinnt man die nötige Erfahrung und erweitert und vertieft seine Kenntnisse. Man kann alle diese Fertigkeiten nicht lernen, indem man nur die entsprechenden Bücher darüber liest. Jeder Mensch macht in der Praxis andere Erfahrungen, das gilt für das Alltagsleben ebenso wie für die Beschäftigung mit der Magie. Betrachten wir zum Beispiel den Prozeß des Übergangs in einen veränderten Bewußtseinszustand. Zu Beginn ist der Körper ruhig und entspannt, man fühlt sich wohl, doch dann verläuft die weitere Entwicklung unterschiedlich. Bei manchen entsteht eine gewisse Leichtigkeit, eine Art Schwindel, sie lassen sich treiben. Andere dagegen empfinden eine große Schwere, manchen wird es heiß, bei einigen tritt ein Summen oder Vibrieren auf, wieder andere empfangen ganz deutliche Bilder und nehmen gesprochene Worte wahr, manche sehen nur vage Gestalten oder überhaupt keine Bilder, dafür wird ihre Phantasie lebendig.

Auf dieser höheren Ebene sind unendlich vielfältige Erfahrungen möglich. Wollte man alles beschreiben, was dem Schüler hier begegnen kann, käme es zu noch größerer Verwirrung. Das bedeutet aber, daß man den Schüler entweder im Ungewissen lassen muß, wenn man ihm sagt: »Versetze dich in das Stadium X, indem du den Schlüssel H benutzt«, denn das bietet ihm kaum Anhaltspunkte, oder daß man seitenlange Beschreibungen eines jeden Stadiums und Symbols anfertigt, auf das er treffen könnte. Solche Bücher wären ungeheuer langweilig. Ein Lehrer dagegen, der eine kleine Gruppe von Schülern vor sich hat, kann ohne weiteres erkennen, was diese gerade erleben und ob sie für weitere Schritte bereit sind. Er wird bemerken, wenn einer von ihnen in Schwierigkeiten gerät, Angst bekommt oder in die Irre geht. Das bereits entwickelte innere Wahrnehmungsvermögen macht es ihm möglich, derartige Reaktionen sofort zu erfassen und dem Schüler zu helfen, wieder in ruhigeres Fahrwasser zu finden.

Man kann natürlich auch mit der Magie vertraut werden, indem man sofort ins tiefe Wasser geworfen wird. Diese Methode widerspricht jedoch den ethischen Grundsätzen und ist letzten Endes auch wenig sinnvoll. Ein nervös gewordener Schüler wird vor dem Okkulten zurückschrecken und es entweder als etwas »Böses« oder als »Spinnerei« abtun, wenn er in einen für ihn zu schwierigen Bereich gerät. Dabei spielt es keine Rolle, daß so etwas oft genug aus eigenem Antrieb geschieht. Auch wenn ich übervorsichtig erscheinen sollte, ziehe ich es daher vor, den Schlüssel nicht unvorbereitet in die Hand von Anfängern zu legen, sondern sie zuerst auf bekannten Wegen zu führen, bis sie dem Aspekt des eigenen inneren Wesens begegnen, der sie sicher zu den Sternen geleitet.

Marian Green

Einführung

Geheimnisvolle dreiförmige Energie, geheimnisvolle Materie, in vierfacher und siebenfacher Teilung, Wechselspiel, aus welchem die Dinge den Tanz des Schleiers des Lebens auf dem Antlitz des Geistes weben, laß in unserem mystischen Lieben Harmonie und Schönheit sein ...

Aleister Crowley: Magick Band II (Clenze 1986)

Man hört oft, das Leben habe in unserer Zeit »seinen Zauber verloren«. Dabei haben wir es heute in unseren komfortablen Häusern meist behaglich und warm, die vielfältigsten Aktivitäten stehen uns offen, wir haben die Auswahl unter einer Fülle von Speisen und Getränken, und die weltweit vorhandenen Kommunikationsmittel und Technologien vermochte sich noch vor fünfzig Jahren nicht einmal die kühnste Phantasie auszumalen. Dennoch vermissen wir immer wieder das Gefühl des Staunens über all das Wunderbare, und aus diesem Grund suchen viele nachdenkliche Menschen aus allen Lebensbereichen und vielen Ländern der Erde »etwas anderes«. Ein Teil ihres Suchens, das sich in den meisten Fällen nicht nur auf der materiellen Ebene abspielt, konzentriert sich auf eine neue spirituelle Dimension, auf die Sehnsucht nach etwas, das sehr schwer zu definieren ist, auf das nicht Greifbare, auf etwas Ätherisches, aber ungeheuer Faszinierendes. Ein Aspekt dieser Suche ist die Sehnsucht nach einer Art »Goldenem Zeitalter«, das einmal geherrscht haben soll, obwohl die Zeugnisse der Geschichte nur davon berichten, daß das Leben in früherer Zeit hart, unbequem und nicht halb so wunderbar gewesen ist, wie wir heute gern glauben möchten. Dennoch gibt uns die Vergangenheit einen Hinweis auf das Ziel unserer Sehnsucht.

Auf der Suche nach einer neuen Richtung haben viele das vermeintlich »einfache« Landleben entdeckt. Leider müssen sie oft nach einiger Zeit erkennen, daß die stundenlange körperliche Arbeit bei unfreundlichem Wetter keineswegs soviel Spaß macht, wie es vorher in der Fernsehsendung den Anschein hatte. Das Leben auf dem Dorf kann sehr einsam sein, die Landarbeit ist anstrengend, Ernte und Gewinn entsprechen nicht immer den Erwartungen, von vielen Einheimischen werden die Fremden abgelehnt und unfreundlich behandelt, die Erzeugung der appetitlich frischen Gemüse aus kontrolliertem biologischem Anbau erweist sich als unendlich mühsam. Die Lösung unserer Probleme liegt zwar zumindest zum Teil tatsächlich in der Erde selbst, in ihren vielfältigen Erscheinungen und Schöpfungen, doch der Zugang zu dieser Lösung ist nicht ganz so einfach, wie es sich der nach Unabhängigkeit strebende Mensch in seiner Selbstüberschätzung vorstellt.

Das große Thema, mit dem sich der Mensch auseinandersetzen muß und das ihm schließlich die ersehnte Erfüllung bringt, heißt *Natur*. Für alle, die sich zum sogenannten heidnischen Weg bekennen, ist sie die Große Mutter, Mutter Erde, die Erdgöttin Gaia, für die es noch unzählige andere Namen gibt. Manche Menschen finden ihre Befriedigung darin, daß sie sich auf lange in Vergessenheit geratene Bereiche wie Mondwechsel, Lauf der Jahreszeiten, auf die Sonne und die Sterne oder auf die Gezeiten der Meere besinnen. Das alles sind Möglichkeiten, mit dem Räderwerk der Schöpfung in Verbindung zu treten. Ihre Wurzeln liegen in der Vorzeit, sie gehören zum ältesten Erbe der Menschheit. Wenn wir unsere magische Verbindung mit der Natur wiederentdecken, wird es möglich, auch unsere Verwandtschaft mit den schöpferischen und belebenden Kräften zu erkennen.

Der Zauber, den viele Menschen in der Kindheit noch spürten, ist keineswegs verschwunden. Die Augen des Erwachsenen nehmen aber die Dinge anders wahr als der Blick des Kindes, und deshalb scheint es, als ob wir die geheimen Wege ins Märchenland für immer verloren hätten. Wenn wir uns aber bewußt und achtsam die hellsichtige Wahrnehmung unserer Kinderzeit wieder erschließen, wird es gelingen, die visionäre Kraft, die einst zauberhafte Dinge geschehen ließ, aufs neue zu wecken. Jeder von uns besitzt noch immer den Schlüssel zu den früheren Gaben und Kräften, aber wir haben vergessen, wo sich das Schloß befindet, das er öffnet. Durch Anwendung bestimmter Fertigkeiten und Techniken können wir die uns angeborenen Kräfte wieder nutzen. Wir können heilen, in die Zukunft sehen, unser eigenes Leben verändern, Wüsten wieder fruchtbar machen (das gilt sowohl für die äußere Umwelt als auch für die notleidende einsame Seele im Innern).

Der Begriff *Naturmagie* erscheint vielleicht als Widerspruch in sich, weil die beiden Worte *Natur* und *Magie* scheinbar Unvereinbares ausdrücken. Doch Natur *ist* Magie! Magie ist eine Kraft, die verändert. Ihr liegen Gesetze zugrunde, die man sich zunutze machen kann, indem man bestimmten Regeln folgt. In der urgeschichtlichen Zeit, aus der uns keine schriftlichen Überlieferungen vorliegen, war die Magie ein ganz normaler Bestandteil des Lebens vieler Menschen. Heute haben die Wunder der modernen Technik die echte Magie verdrängt, und sie ist etwas in Vergessenheit geraten. Doch meist ist es nur Mangel an Erfahrung, der verhindert, daß wir den Einfluß der Magie auf unser Leben erkennen und ihre Kraft nutzen. Ich sage bewußt »Erfahrung« und nicht etwa Glauben, denn es handelt sich hier keineswegs um eine Glaubensfrage. Die Realität der Magie kann jeder durch eigene Erfahrung kennenlernen, wenn er bereit ist, aufgeschlossen, aufrichtig und mit Sorgfalt einige Experimente durchzuführen.

In unserem Leben, in unseren Beziehungen und in der unaufhörlichen Weiterentwicklung unserer inneren Erkenntnisse und Fähigkeiten sind Kräfte wirksam, die wir einfach als gegeben hinnehmen. Magie ist die Kunst, die Elemente zu erkennen, die Veränderungen und Verwandlung bewirken. In der Natur zeigen sie sich als Ebbe und Flut, im Leben des Menschen als Perioden des Fortschritts, des Stillstands und des Rückzugs. Sobald wir die deutlich erkennbaren Strömungen fühlen und bewußt wahrnehmen, steht es in unserer Macht, diese ungeheuren Kräfte selbst zu nutzen. Die Magie lehrt uns zu unterscheiden, in welche Richtung und auf welcher Ebene die Energie der natürlichen Zeit fließt und welche Möglichkeiten sie uns im Augenblick bietet.

Wenn wir davon ausgehen, daß der Mensch ebenso ein Teil der Natur ist wie jeder Baum und jedes Tier, wie das Meer, die Blumen und Gräser und die unsichtbare Lebenskraft, und wenn es uns gelingt, völlig vergessene Fähigkeiten wieder zu aktivieren, kann jeder einigermaßen vernünftige Mensch mit der nötigen Entschlossenheit und etwas Sinn für Humor unerwartete Talente in sich entdekken. Sie warten nur darauf, geweckt zu werden, indem wir Verständnis für die Natur um uns entwickeln und unser Leben mit den Kräften in Übereinstimmung bringen, die Veränderungen bewirken. Das ist der Weg zu innerem Frieden und Gelassenheit, zu den magischen Kräften und Heilfähigkeiten und zu einer ganz neuen Art der Selbstwahrnehmung. Wir müssen vor allem erkennen, wer wir sind, wohin wir gehen und wohin wir wollen. Wenn wir ein Gespür für die natürlichen Gezeiten bekommen und im Einklang damit und nicht dagegen arbeiten, werden sich Selbstvertrauen, Gesundheit und Zufriedenheit positiv entwickeln. Sobald wir allmählich den Sinn für das

Wunderbare wiederfinden, den wir als Kinder besessen haben, und die uns angeborenen Fähigkeiten neu aktivieren, bemerken wir nach kurzer Zeit, daß sich unsere ganze Welt zum Besseren wandelt.

In jedem Abschnitt dieses Buches sind Übungen, Meditationen und alte Kunstfertigkeiten auf eine für den Menschen von heute akzeptable Weise beschrieben. Es wird von niemandem verlangt, das eigene Haus zu verlassen und in eine Hütte im Wald zu ziehen, um der Natur nahe zu sein. Man braucht auch keine großen Summen für fremdartige Kleidung und geheimnisvolles Gerät auszugeben. Wem es mit dem Interesse an der Naturmagie allerdings ernst ist, der muß sich Tag für Tag etwas Zeit für bestimmte mentale, spirituelle und physische Aufgaben nehmen. Hier ist das tägliche Üben genauso wichtig wie beim Klavierspielen oder Skilaufen.

Es dauert einige Zeit, bis man die Mittel der Magie zu gebrauchen weiß, denn bei diesen Techniken werden mentale Fähigkeiten und Bereiche des innersten Wesens beansprucht, die das moderne Leben kaum mehr berührt. Die ersten Übungen können bewirken, daß merkwürdige Dinge geschehen. Dadurch macht sich lediglich die langsam erwachende Kraft des Magischen bemerkbar. Niemand kann garantieren, daß die ersten Erfahrungen stets angenehm sind, doch die Begeisterung darüber, daß wir nun imstande sind, einen größeren Bereich des Lebens direkt zu steuern, wiegt die »schrecklichen« Augenblicke zu Beginn auf.

Am schwersten fällt das Durchhalten, wenn überhaupt nichts Wahrnehmbares geschieht. Zuerst hat man es buchstäblich mit unsichtbaren Kräften in sich selbst zu tun, und es dauert eine gewisse Zeit, ehe diese nach unseren Wünschen und Befehlen aktiv werden. Stehen Sie diese Durststrecke durch, beschäftigen Sie sich mit jeder Technik und mit jeder spirituellen Übung regelmäßig mindestens einen

Monat lang. Sie werden erstaunt sein, wieviel Sie am Ende dieser Zeit erreicht haben. Probieren Sie jede Übung zuerst wenige Male ganz zwanglos und ohne Erfolgsdruck. Die Ergebnisse sind vielleicht kaum wahrnehmbar oder sogar unerfreulich, möglicherweise kommt es zu einer Verwirrung der psychischen Verfassung oder zu beunruhigenden Träumen, gelegentlich geschieht etwas, über das Sie keine Kontrolle mehr haben. Bleiben Sie trotzdem mit Ausdauer dabei. Mit viel Geduld und einem gewissen Sinn für die spielerische Seite des Vorgangs wird es Ihnen gelingen, die wahre Kraft der Magie in sich selbst und ganz allgemein im Leben wahrzunehmen und schließlich auch zu beherrschen.

Mit der Natur arbeiten

Mutter der Fruchtbarkeit, an deren Brust Wasser liegt, deren Wange von Luft liebkost wird und in deren Herzen das Sonnenfeuer ist, Bauch allen Lebens, wiederkehrende Anmut der Jahreszeiten, antworte dem Gebet unserer Arbeit günstig ...

Aleister Crowley: Magick Band II

Für den Menschen unserer von der Technik geprägten Zeit ist es wahrscheinlich besonders problematisch, mit der Realität der Magie, also mit der Tatsache konfrontiert zu werden, daß es eine unsichtbare Kraft gibt, die wie jede andere Energie bestimmten Gesetzen unterworfen ist, und die von jedem, der sie anzuwenden weiß, aktiviert und kontrolliert werden kann. Die Voraussetzungen dafür sind lediglich persönlicher Einsatz und Hingabe sowie beharrliches Üben. Die Magie ist ein Teil unseres täglichen Lebens, der sehr oft überhaupt nicht wahrgenommen wird, weil seine wesentlichen Merkmale unaufhörliche Veränderung und Verwandlung sind.

Veränderung und Verwandlung

Jede magische Betätigung manifestiert sich durch Veränderung. Manchmal tritt diese Veränderung beim »Wundertäter« oder Magier selbst ein, manchmal findet eine solche Verwandlung in der physischen Welt außerhalb der Persönlichkeit statt. Alle übrigen Veränderungen betreffen andere Realitätsebenen oder, so erscheint es zumindest, andere Dimensionen von Zeit und Raum.

Der erste Schritt zum Verständnis der Wirkung der Magie besteht darin, daß wir Veränderung als einen Teil der Welt begreifen, in der wir alle leben. Niemand wird leugnen, daß sich jeder Mensch von Kindheit an ständig verändert, das gilt nicht nur für die körperliche Gestalt, sondern ebenso für Geisteshaltung, Vorstellungen und Grundüberzeugungen. Vielleicht haben wir auch den Beruf, den Partner oder die Wohnung des öfteren gewechselt. Manche dieser Umstellungen sind eingetreten, weil wir bewußt den Entschluß gefaßt haben, etwas zu verändern. Danach haben wir dann die entsprechenden Entwicklungsstufen durchlaufen, um unser Ziel zu erreichen. Aber oft setzen wir einen solchen Prozeß nicht selbst in Gang, sondern andere Faktoren führen eine Veränderung herbei. Das ist etwa der Fall, wenn wir als Folge eines Personalabbaus arbeitslos werden, wenn wir einen Familienangehörigen durch den Tod verlieren oder wenn wir umziehen müssen, weil unser Haus einer neuen Autostraße weichen muß.

Die dritte Art der Veränderungen kommt wahrscheinlich weniger häufig vor. Es handelt sich dabei um Verwandlungen, von denen man sich zwar wünscht, daß sie stattfinden, doch es hat den Anschein, als ob es keine Möglichkeit gäbe, das Geschehen zu beeinflussen. Hier kommen wir an den Punkt, an dem die Magie sehr wohl etwas bewirken könnte. Es ist aber zu beachten, daß die Magie niemals als Werkzeug für Habsucht, Eigennutz oder Begierde eingesetzt werden darf, denn alles, was man durch okkulte Mittel erreicht, hat seinen Preis. Das ist in diesem Bereich nicht anders als im gewöhnlichen Leben. Man muß für alles bezahlen, mit Arbeit und Anstrengung, mit Geld, mit einer Gegenleistung, indem man etwas zum Tausch anbietet. Diese Grundsätze sind Teil der Natur, der höchsten Herrin über alle Veränderungen, die Macht über die Zeit, die Erde und den Jahreslauf hat. Wenn wir lernen, den von der Natur gegebenen Rahmen zu nutzen, kann die Magie in unserem Leben wirksam werden.

Magische Techniken

Die Magie gehört zum uralten Erbe des Menschen, doch viele der entsprechenden Fertigkeiten oder Techniken, die im mentalen Bereich und mit der Innenschau arbeiten und nicht mit den Augen und Händen, die wir gewöhnlich gebrauchen, werden nicht in der Schule gelehrt. Im allgemeinen beginnt die Beschäftigung mit dem Okkulten frühestens im Teenageralter, die meisten Menschen interessieren sich sogar erst als Erwachsene dafür. Alle Kinder verstehen die Gesetze der Magie. Sobald sie aber zur Schule gehen, lesen lernen und sich mehr und mehr in unserer Alltagswelt zurechtfinden, haben sie nur noch wenig Zeit für das Unsichtbare, mit dem sie zuvor so vertraut waren. Es ist nicht einfach, sich später wieder mit einem derart weitläufigen und komplizierten Gegenstand zu beschäftigen, der einen großen Teil der Evolution des Menschen auf der Erde einbezieht und in jedem Land, in jeder Religion und in jeder Kultur seine Spuren hinterlassen hat. Es geschieht oft, daß ein Schüler schon durch den ersten allgemeinen Überblick über das Thema abgeschreckt wird und erst gar nicht mit den praktischen Übungen beginnt. Dennoch gilt: Auch wenn der vielschichtige Stoff ein gewaltiges Ausmaß besitzt, sind manche Teile davon ganz leicht zu begreifen und liegen durchaus im Bereich unserer alltäglichen Erfahrung. Es handelt sich dabei um die so häufig übersehenen Praktiken der Naturmagie.

Seit den fünfziger Jahren besteht ein steigendes Interesse an und eine immer größere Empfänglichkeit für die alten

Methoden und Überlieferungen. Inzwischen wurde eine große Anzahl von Büchern über die verschiedenen Bereiche des Okkulten, über Prophezeiungen, Zauberei und die geheimen Kräfte geschrieben oder neu aufgelegt, und der Markt scheint noch längst nicht gesättigt. Wir haben heute mehr denn je das Bedürfnis, das Unsichtbare zu erforschen. Wir sind fasziniert von der Möglichkeit, in die Zukunft zu schauen, etwas über Wesen anderer Art oder über andere Dimensionen der Wirklichkeit zu erfahren. Ganz vage *wissen* wir, daß sie existieren, doch anscheinend besitzen wir nicht mehr den Zauberschlüssel, der uns alle Türen öffnet und die unbekannten Bereiche zugänglich macht.

In Wahrheit fehlt uns nur das entsprechende Wissen, denn sowohl der Schlüssel als auch die Türen befinden sich sehr wohl innerhalb unserer Reichweite. Wir müssen nur erkennen, wo wir sie zu suchen haben. Beide finden wir innerhalb unseres eigenen »inneren Selbst«, das heißt, auf den Ebenen des Unbewußten, die wir gewöhnlich nur in unseren Träumen oder Tagträumen betreten. Dion Fortune, eine der großartigsten Autorinnen Englands, die sich sehr viel mit Magie beschäftigte, schrieb einmal: »Magie ist die Kunst, willentlich Veränderungen des Bewußtseins herbeizuführen.« Diese einfache Feststellung ist die wichtigste Aussage über das Wesen aller magischen Künste. Wenn Sie lernen, Bewußtsein und Wahrnehmungsfähigkeit auf verschiedenen Ebenen zu beherrschen und zu verändern, sind Sie imstande, das gesamte Universum zu verändern.

Im alltäglichen Leben gehen wir im allgemeinen von zwei Bewußtseinszuständen aus, nämlich von Wachen und Schlafen. Wir erkennen meist nicht, daß es zwischen diesen einigermaßen klar voneinander zu unterscheidenden Zuständen viele kleine Abstufungen gibt. Die ersten Übungen der Magie bestehen sowohl nach den Überlieferungen des Ostens als auch nach denen des Westens darin, sich mit diesen Zwischenstadien zu beschäftigen. Meditation und Geistesschulung führen allmählich zur Kontrolle dieser Zustände, so daß der Schüler auf eine Bewußtseinsebene gelangen kann, die mit der Wahrnehmungsebene übereinstimmt, die er braucht, um mit der Magie zu arbeiten.

Das hört sich ganz einfach an, aber ebensogut könnte man das Klavierspiel mit den Worten beschreiben, man müsse lediglich die Finger auf die Tasten legen und etwas Druck ausüben. Jeder weiß, daß es nicht ganz so einfach ist! Tatsächlich bereitet es ungeheure Schwierigkeiten, das Wahrnehmungsvermögen zu verändern und dabei unter Kontrolle zu behalten. Es setzt voraus, daß man gleichzeitig entspannt und konzentriert ist, daß man sich um ernsthafte Objektivität bemüht und dabei in spielerischer Laune bliebt. Doch sobald es einmal gelungen ist, das richtige Gleichgewicht zu finden, erscheint es überhaupt nicht mehr schwierig, und wenn man erst einmal die Grundtechnik beherrscht, bieten sich immer interessantere Möglichkeiten.

Die meisten magischen Praktiken und Kunstfertigkeiten können bei richtiger Anwendung auf vielerlei Weise nützlich und von Vorteil sein. Will jedoch ein Dummkopf damit »augenblickliche Erleuchtung« erlangen, dann wirken möglicherweise auch diese an sich harmlosen Praktiken destruktiv. Im Bereich der Magie kann es gefährlich sein, »ein bißchen« Bescheid zu wissen. Wenn man aber stets den gesunden Menschenverstand einschaltet und bei den Expeditionen oder inneren Reisen langsam und vorsichtig vorgeht und nur Schritt für Schritt in die verborgenen Ecken des Geistes eindringt, ist man immer in der Lage, mit allem fertigzuwerden, was einem begegnet. Das heißt nicht, daß diese Reisen in jedem Stadium erfreulich sein müssen, daß man nicht auch einmal Angst bekommt, unsicher wird oder in Verwirrung gerät über das, was mit einem geschieht. Wem es aber ernst ist mit dem Interesse, mit dem werden die Kräfte der inneren Welten sanft umgehen. Wer dagegen vorzeitig in den feinstofflichen Bereich eindringt und Hilfe, Nutzen oder Veränderung aus rein egoistischen Motiven fordert, muß sich auf eine ziemlich rauhe und unangenehme Reise gefaßt machen.

Die Kräfte der Magie bewegen ganze Galaxien auf ihrer Bahn, und wenn wir zum ersten Mal von diesem Strom erfaßt werden, kann es uns gewaltig durchschütteln und herumwirbeln. Es ist fast, als sei man in eine riesige Waschmaschine geraten. In gewissem Sinn ist genau das geschehen, denn Reinigung und Läuterung sind von jeher die ersten Stufen jeder religiösen oder okkulten Betätigung.

Die innere und die äußere Natur

Der Beschäftigung mit der Naturmagie müssen wir die Betrachtung der Natur zugrunde legen. Wenn wir die Absicht haben, uns die Kräfte der Gezeiten und des Jahreslaufes zunutze zu machen, werden wir sie erst einmal untersuchen müssen. Wir dürfen uns dabei nicht nur auf die oberflächliche Ebene beschränken, wir müssen vollkommen in ihre wunderbaren Strömungen eintauchen, bis sie uns nicht mehr fremd sind und wir ganz selbstverständlich damit umgehen können. Viele Menschen, die von sich behaupten, Hexen oder Magier zu sein, haben nicht die geringste Ahnung von den Mondphasen oder von der Bedeutung der Jahreszeiten. Im »Buch der Schatten«, einem Heft, das jede Hexe und jeder Magier führt und in das alle Träume, Rituale und Zaubersprüche eingetragen werden, gibt man dem Wortlaut der zu Ehren der Mond- oder Erdengöttin gefeierten Rituale, die ihre Macht in aller Ausführlichkeit verherrlichen, sehr viel Raum. Doch dabei nimmt man kaum Notiz davon, was diese Gottheit außerhalb des geschlossenen Raumes, in dem die rituellen Handlungen vollzogen werden, tatsächlich bewirkt. Es ist wesentlich besser, sicherer und anregender, selbst hinauszugehen, den hellen Mond zu betrachten und zu beobachten, wie die Sterne als Reaktion auf die eigenen Gebete weit über den dunklen Nachthimmel auf die Erde herabfallen.

Die Natur kennt alle Antworten. Sie ist unsere Mutter, denn auch wir sind, genau wie alles im sichtbaren Universum, Teil eines großen Ganzen. Wir selbst sind der Stoff, aus dem die Sterne sind. Die Atome, die wir mit der Nahrung aufnehmen, sind Atome der gleichen Art, wie sie bei der Erschaffung der Welten entstanden sind. Jeder Baum, jede Pflanze, jedes Tier, jeder Stein und jeder Mensch ist Teil dieses uralten Erbes. Die Natur hat die Möglichkeit, im Verlauf von Jahrtausenden einen bestimmten Gegenstand in einen anderen zu verwandeln, denn sie kennt das Geheimnis der Alchimie, der magischen Verwandlungskraft. Wenn die Zeit gekommen ist, kehrt alles wieder zur Natur zurück, und ein neuer Kreislauf beginnt. Weil der Mensch seinem Wesen nach ein Teil der Natur ist, verbindet ihn eine Urverwandtschaft mit allen Teilen der Schöpfung. Diese Verbindung hilft ihm, die Dinge um sich zu verändern. Sie bewirkt aber auch, daß er selbst von Kräften verändert werden kann, die er kaum unter Kontrolle hat. So ist es beispielsweise unmöglich, daß der Mensch aufhört zu altern, auch wenn er aus Eitelkeit alles tut, damit sich dieser natürliche Prozeß nicht allzu stark bemerkbar macht. Der Mensch kann auch vorgeben, älter oder anders zu sein, als es tatsächlich der Fall ist, doch auf die Dauer wird es ihm wenig nützen, und auch seine magische Arbeit wird kaum davon berührt.

Wir müssen nicht nur lernen, uns dazu zu bekennen, daß wir ein Teil der Natur sind, wir müssen auch herausfinden, wer wir sind, welche Vorzüge und welche ungünstigen Eigenschaften wir mitbringen und welche vergessenen oder übersehenen Fertigkeiten und Talente vielleicht zu wecken sind. Es ist ein entscheidender Schritt auf dem Weg zum Erwerb magischer Fähigkeiten, daß wir uns bewußt machen, mit welchen vorhandenen Eigenschaften und mit welchem Kräftepotential wir arbeiten können. Gerade dieser Vorgang gehört zu den schwierigsten Übungen der Magie in jeder denkbaren Form, doch es ist der unentbehrliche Schlüssel zu einer starken Persönlichkeit und zu den magischen Kräften.

Alle guten magischen Schulen legen Wert darauf, daß sich jeder Schüler im ersten Teil seiner Ausbildung eingehend damit beschäftigt, wer er selbst ist, woher er kommt und wohin er zu gehen glaubt. Diese Art der Psychoanalyse kann recht schmerzhaft sein. Sie hat zum Ziel, den Menschen bis ins Innerste gründlich zu durchleuchten und auf dem inneren Weg weiterzuführen.

Ob Sie Ihre Studien für sich oder in einer Gruppe von Freunden betreiben, diese innere Analyse der persönlichen Geschichte, des Charakters, der Bedürfnisse und Bestrebungen muß jeder einzelne ganz allein vornehmen. Die beste Methode besteht darin, ein geheimes Tagebuch zu führen. Die Geheimhaltung ist deshalb so wichtig, weil es jedem Menschen ungeheuer schwerfällt, absolut ehrlich zu sein, wenn er davon ausgehen muß, daß ein anderer das Geschriebene lesen könnte. Dieses Tagebuch soll auch kein Dokument sein, mit dem man sich vor einem erstaunten Publikum freimütig zu seinen Schwächen und Fehlern bekennt, das wäre ebenfalls die falsche Prämisse für diesen Akt der kritischen Selbstbeurteilung.

Es ist wichtig, daß Sie sich genügend Zeit für den Rückblick auf Ihr Leben nehmen. Notieren Sie jeden Erfolg und Mißerfolg vom ersten Augenblick, an dem Ihre Erinnerung einsetzt, bis zum heutigen Tag. Denken Sie an Ihre ersten Vorsätze und Ziele, überlegen Sie, was Sie daraus gemacht haben. Wie viele von den Dingen, die Ihnen als

Kind wirklich lieb waren, haben Sie längst aufgegeben? Wieviel Freude könnten Ihnen diese einfachen Vergnügungen bereiten, wenn Sie sich heute wieder damit beschäftigen würden? Werden Sie immer noch von der Geisteshaltung, den Vorstellungen und Normen Ihrer Familie beeinflußt oder haben Sie inzwischen eigene ethische Maßstäbe entwickelt? In welcher Weise haben sich Ihre Ziele verändert? Wodurch wurde Ihr gegenwärtiges Interesse an der Magie ausgelöst? Wie wollen Sie es befriedigen?

Der andere Aspekt, mit dem Sie sich ebenfalls beschäftigen müssen, ist Ihre eigene Beziehung zur Natur. Auf der einfachsten Ebene heißt das: Haben Sie Freude an der Arbeit im Garten? Wandern Sie gerne? Betrachten Sie Bäume und Büsche als lebendige Wesen und nicht nur als hübsche grüne Gebilde in der Landschaft? Haben Sie ein Gefühl für Kräuter und Pflanzen? Dienen sie Ihnen nur dazu, die Speisen zu würzen oder eine langweilige Ecke im Haus freundlicher zu gestalten, oder betrachten Sie sie als lebende und heilende Wesenheiten, die starke Kräfte besitzen und auch die Lebensfreude wiederherstellen können?

Welche Einstellung haben Sie zu den Tieren? »Besitzen« Sie ein Haustier oder halten Sie sich größere Tiere, zum Vergnügen oder um damit Geld zu verdienen? Welche Ansichten haben Sie über vegetarische Ernährung, über Pelzmäntel, über die Methoden der modernen Landwirtschaft und über das Jagen und Fischen? Wenn Sie mit den Übungen der Naturmagie beginnen, werden Sie sich lange und intensiv mit diesen Themen beschäftigen müssen, denn man kann sie nicht ignorieren und so tun, als ob sie keine Rolle spielten. Wenn Sie erwarten, Hilfe und Orientierung von Mutter Natur zu finden, müssen Sie imstande sein, Ihre Gefühle über diese und viele andere Probleme auszudrücken.

Die Elemente

Wenn Sie die ernste Absicht haben, sich der Naturreligion zuzuwenden oder das Ihnen angeborene geheime Wissen wieder aufzugreifen, wird es notwendig, auch einen anderen tieferen Aspekt Ihres gegenwärtigen Lebens genauer zu untersuchen. Es handelt sich dabei um die Frage, welche Beziehung Sie ganz allgemein zu den Elementen haben. Wie reagieren Sie persönlich auf Ebbe und Flut? Nehmen Sie die Mondphasen wahr? Werden Ihre Träume davon beeinflußt? Sind Sie gern draußen im Freien, bei Sonne wie bei Regen? Welche Jahreszeit lieben Sie besonders, welche mögen Sie am wenigsten?

Alle diese Gefühle und Einstellungen werden von Ihrer Beziehung zu der Sie umgebenden Natur bestimmt, auch wenn Sie das nicht bewußt wahrnehmen. Wenn Sie mit den ersten zaghaften Schritten zur Beherrschung der Naturmagie beginnen, werden Sie bemerken, daß alle diese nur vage sicht- und spürbaren Einzelheiten plötzlich eine ganz neue Dimension bekommen und wesentlich an Gewicht und Einfluß gewinnen. Sobald Sie sich in das Reich der Natur begeben, stoßen Sie auf eine Vielzahl faszinierender und seltsamer Dinge. Dadurch macht sich die innere Verbindung bemerkbar, die bereits zwischen Ihnen und der Sie umgebenden Natur besteht. Ist diese Verbindung schwach ausgeprägt oder nicht genügend entwickelt, erfordert es viel Zeit und Mühe, sie so stark zu machen, daß sie der gewaltigen Aufgabe gewachsen ist, zu der Sie sich entschlossen haben.

Als Stadtbewohner bewegen wir uns den größten Teil des Lebens zwischen von Menschenhand geschaffenen Dingen, und unsere sinnlichen Bedürfnisse werden nur unzureichend befriedigt. Wir spüren nicht mehr den Wind und den Regen auf der Haut, wir können nicht mehr das sich unaufhörlich verändernde Funkeln der Sterne am

Himmel bobachten, wir unternehmen keine Streifzüge durch die ungebundenen Weiten des Geistes, wir nehmen nicht mehr die Kraft der alten Götter in ihrem ureigenen Reich wahr. Wir berühren nicht mehr die Erde, die rauhe Rinde der Bäume, die samtene Oberfläche der Blätter. Nur in den Träumen einer unvergänglichen Kinderzeit gleiten wir durch das glitzernde Wasser, das frischer ist als das Mineralwasser, das wir gewöhnlich in Flaschen abgefüllt kaufen. Hier spielen wir mit den wilden Tieren, sprechen mit den Bäumen, erheben uns hoch in die Luft und steigen wie die Papierdrachen der Kinder hinauf in den unberührten azurblauen Himmel eines endlosen Sommertages, bis wir nicht mehr zwischen Traum und Wirklichkeit unterscheiden. Wenn wir bereit sind, den dunklen Mantel der gewohnten Sichtweise abzuwerfen und auf die Bequemlichkeit zu verzichten, die uns alles zu leicht macht, und wenn wir nach den bisher übersehenen Anzeichen der Ursprünglichkeit suchen, die es überall in unseren Städten noch gibt, dann werden wir auch das Tor zu jener anderen Welt entdecken, die unseren Alltag hinter sich läßt.

Die Natur besitzt geheime Zugänge zu dem Ort, an dem die Träume wahr werden und aus dem unsere Träume kommen, doch diese Tore sind gut verborgen. Wenn wir aber die Macht und Gegenwart der Natur erkennen, obwohl sie im herkömmlichen Sinn nicht zu spüren sind, können wir in dieses verlorengegangene Land reisen und uns kurze Zeit dort aufhalten, um unsere spirituelle Batterie wieder aufzuladen, wir können etwas von ihrer unvergänglichen Weisheit aufnehmen und danach alle unsere Ziele mit besseren Ergebnissen verfolgen.

Als erstes müssen wir versuchen, wieder einen Zugang zu den Sinnen zu finden, deren Existenz wir vergessen hatten. Wir müssen lernen, das zu sehen, was tatsächlich um uns herum vorhanden ist. Erst dadurch können wir die sonderbaren Wesen aus anderen Welten wahrnehmen. Wir müssen unser Gehör wieder dazu erziehen, die zauberhafte Musik zu hören, die durch all den Lärm und das Getöse unserer Welt hindurchklingt, denn diese Sphärenmusik ist real und kann auch durch die irdische Kakophonie nicht völlig übertönt werden. Wir müssen auch das Fühlen ganz neu erlernen, ein Fühlen, das nicht nur über unsere Nervenenden läuft, sondern an dem auch das Herz und die inneren Sinne beteiligt sind. Wir müssen aber auch an die Gefühle der Menschen um uns denken. Vieles, was uns die Menschen, die uns besonders nahestehen und die wir lieben, sagen wollen, drücken sie nicht durch Worte oder durch leicht zu deutende Gesten aus. Wir müssen uns in die Gefühlswelt der Menschen versetzen, mit denen wir es tagtäglich zu tun haben, und ihre Ängste und Zweifel, ihre Hoffnungen und Wünsche erspüren.

Das Wichtigste ist, daß wir lernen, das richtige Verständnis für unsere Umwelt zu entwickeln, daß wir hören, was die Bäume sagen, was uns der Wind ins Ohr flüstert, was die Wolken über das bevorstehende Wetter verraten. Das alles scheint für Kinder noch vollkommen real zu sein, doch die Erwachsenen beachten ihre entsprechenden Bemerkungen meist nicht oder halten sie für kindliches Geschwätz. Doch gerade aus diesen mit den üblichen Sinnen nicht wahrnehmbaren Quellen uralter Überlieferungen haben die Weisen in früheren Zeiten ihre Kenntnisse und ihr Wissen über zukünftiges Geschehen geschöpft. Sie besaßen ganz gewiß magische Kräfte, denn sie lebten noch in enger Verbundenheit mit der Natur. Die Natur half ihnen, ihre Heilfähigkeit zu entwickeln, Verlorenes wiederzufinden, die Einsamen zu trösten und die Zukunft auf wunderbare Weise zu verwandeln.

Wenn man sich bewußt macht, daß dem ganzen Leben eine natürliche Struktur zugrunde liegt, und darüber hinaus erkennt, wie genau diese mit dem eigenen System der Hoffnungen und Wünsche übereinstimmt, beginnen die gewaltigen Kräfte der Schöpfung bereitwillig in unserem Sinne von der Ebene des Mikrokosmos zur Ebene des Makrokosmos zu fließen. Die Naturmagie ist in weiten Bereichen nichts anderes als die Anwendung des gesunden Menschenverstandes. Leider ist auch dieser Sinn durch das moderne Leben bereits schwer geschädigt, weil uns Entscheidungen zu oft aus den Händen genommen werden und das Geschehen weitgehend durch die Macht der Verhältnisse, durch den Staat, durch die Behörden und ihre Verordnungen bestimmt wird. Wir haben unsere Freiheit zum großen Teil verloren, nicht etwa dadurch, daß sich anarchistische Kräfte ihrer bemächtigt hätten, sondern weil wir es versäumt haben, selbst eine Wahl zu treffen und zu entscheiden, was wir eigentlich wollen und auf welche Weise wir unser Ziel verfolgen. Nur wenn wir durch eine plötzliche Erkenntnis aus unserer unbewußten Ahnungslosigkeit gerissen und in einen Zustand versetzt werden, in dem wir beispielsweise das Okkulte wieder wahrnehmen, wird die gesamte Struktur unserer Lebenssituation deutlich sichtbar, sie rückt in den Mittelpunkt unseres Interesses und zwingt uns zu einer neuen Bewertung unserer Position.

Wenn wir beginnen, uns mit einem neuen Gegenstand zu beschäftigen, müssen wir mit Auswirkungen auf unser häusliches und familiäres Leben rechnen. Das gilt für jeden Bereich, ob wir eine neue Sportart betreiben wollen, ob wir etwas für unsere Weiterbildung tun oder ob wir Interesse für ein Thema zeigen, das viele als krankhaft, unheimlich oder sogar ausgesprochen böse betrachten. Trotz des allgemeinen Mißtrauens gegenüber okkulten Dingen gibt es in allen Teilen der Welt immer mehr ernsthafte und vertrauenswürdige Menschen, die ihre freie Zeit dazu nutzen, Antworten auf die ewigen Fragen zu suchen.

Was unser rein irdisches Dasein betrifft, so besteht keine Notwendigkeit, daß wir uns mit Fragen über den Sinn des

Lebens beschäftigen. Wohin gehen wir? Warum sind wir auf der Erde? Was können wir tun, um die Dinge zum Besseren zu wenden? Im allgemeinen widmen sich nur Prediger und Seelsorger etwas eingehender diesen Problemen, doch da die Antworten auf derartige Fragen immer sehr persönlich sind, müssen sie individuell gesucht werden. Der okkulte Weg, der nun einmal durch die unsichtbaren und unerforschten Bereiche unseres inneren Wesens führt, hält die Beschäftigung mit solchen Fragen nicht nur für durchaus berechtigt, er kann uns auch den Antworten ein ganzes Stück näherbringen.

Das Gleichgewicht der Natur

Die Magie ist eine Energiequelle. Ihre Kraft ist neutral, genau wie die Zeit und die Gezeiten neutral sind. Die Magie wird erst durch die Art und Weise, wie man sie nutzt, entweder hilfreich oder destruktiv. Es ist wichtig, daß man in jeder Situation, in der Magie angewandt wird, zuerst die Motive und Ziele überprüft, ehe man die geheimnisvollen Kräfte in Gang setzt. Jede Aktion ruft eine Wirkung und eine Gegenwirkung hervor. Wie jeder Schüler weiß, ist dieses Reaktionsprinzip ein physikalisches Gesetz. Es gilt auch für den Bereich der Magie.

Wir möchten die Kräfte des Verfalls und der Auflösung ignorieren, weil wir sie nicht kontrollieren können. Doch leider gelingt uns das nicht, denn sie spielen für das Leben des Menschen eine entscheidende Rolle. Diese beiden Kräfte sind nämlich die Voraussetzung für unser Fortbestehen auf diesem Planeten, denn ohne Verfall und Auflösung gäbe es den Kreislauf der Natur nicht. Alle Abfallstoffe, woher sie auch stammen, würden sich anhäufen und schließlich die ganze Welt unter sich begraben. Wenn wir nur an den stets wachsenden Müllberg einer mittleren

Stadt denken, bekommen wir eine Vorstellung vom Ausmaß dieses Problems. Eine solche Müllhalde entspricht wahrscheinlich in etwa der Abfallmenge, die jeder Mensch im Laufe seines Lebens produziert. Doch zu unserem Glück setzt die Natur die Kraft der Veränderung in Gang. Bakterien, Zeit und Verfall arbeiten sich durch die organischen Abfälle, fressen sie auf und verwandeln sie in Kompost, Gas, Humus und verschiedene chemische Grundbestandteile. Danach steht der frühere Abfall wieder zur Verfügung und kann als Nahrung für neue Pflanzen und als Tierfutter verwendet werden, oder er wird durch den Regen ins Meer gespült, wo im Laufe der Zeit aufs neue Sedimente, Chemikalien und Mineralstoffe entstehen, die eines Tages in ferner Zukunft wieder an die Oberfläche kommen.

Wenn man es der Natur allein überläßt, mit den organischen Stoffen fertigzuwerden, kann sie mit der Zeit alles wieder in den Kreislauf zurückführen und das Gleichgewicht wiederherstellen. Doch jetzt hat der Mensch eingegriffen und neue, beständige Materialien erfunden, die nicht mehr verrotten. Die Technologie hat das Gleichgewicht der Einwirkungen auf jene Teile der Erdoberfläche gestört, die uns zugänglich sind und die wir nutzen können.

Wir fördern Mineralien, Edelsteine, Kohle, Öl, Ton, die Metalle der seltenen Erden, Wasser und sogar das Gestein unter unseren Füßen zutage, als ob diese Rohstoffe so ohne weiteres nachwachsen oder sich erneuern würden. Wir leben in einer Welt, in der Wälder, die jahrtausendelang unberührt geblieben sind, Woche für Woche kleiner werden. Doch diese Wälder sind sozusagen das Taschentuch der Natur, das die Tränen des Regens aufsaugt und sie während eines stetigen Austrocknungsprozesses allmählich wieder freigibt. Entfernt man dieses Taschentuch, dann läuft das wertvolle Wasser über die kahlen Felsen und

Berge ab und trägt den wertvollen Ackerboden mit sich; der Lauf der Flüsse wird blockiert, es entstehen Erdrutsche, und die Fische in den Seen werden von Schlamm und Geröll erstickt. Schon eine einzige sorglos durchgeführte Aktion, die nur den augenblicklichen Profit im Auge hat, kann das Gleichgewicht der Natur zerstören. Ebenso destruktiv kann sich eine einzige fahrlässige magische Handlung auswirken, wenn man ihre möglichen Folgen nicht bedenkt. Wer sich mit Magie beschäftigt, muß sehr genau aufpassen.

Auf der unteren Ebene, direkt in unserem häuslichen Umkreis, sollten wir darauf achten, nichts zu tun, was für unsere Umwelt schädlich ist. Das gilt nicht nur für das, was wir mit eigenen Händen anrichten, sondern auch für unser Bedürfnis nach mehr Eleganz und einer besseren Lebensqualität. Eine neue Haustür steigert vielleicht den Wert unseres Eigenheimes, aber muß sie unbedingt aus dem Holz eines uralten Baumes gefertigt sein, der in einem der sterbenden Wälder gefällt wurde? Eine einzige Haustür spielt vielleicht keine große Rolle, aber möglicherweise wird dadurch bei anderen Hausbesitzern in der Nachbarschaft das Verlangen nach einer ebensolchen Tür angeregt, also müssen mehr Bäume sterben, und auch für neue Fensterrahmen, zum Innenausbau, für Toilettensitze und ähnliches werden immer mehr Edelhölzer verarbeitet. Ist das moralisch? Ist es notwendig, Mutter Natur auszuplündern und einen destruktiven Prozeß in Gang zu setzen? Diese Frage muß sich jeder beantworten, der den Weg der alten Naturreligion gehen will. Was richte ich durch Gedankenlosigkeit, Nachlässigkeit oder Unwissenheit an? Könnte mein Verhalten weitreichende Konsequenzen für die Welt, für meine Kinder oder für Menschen in fernen Ländern haben?

Gesteigertes Bewußtsein

Es ist wichtig, daß wir jede Handlung und jeden Schritt ganz bewußt vornehmen. Das gilt für den weltlichen Bereich ebenso wie für die Ebene der Magie. Woher stammt die Nahrung, die ich heute zu mir nehme? Wie wurde sie gewonnen? Muß jemand Not leiden, weil dieses Nahrungsmittel in ein anderes Land exportiert wurde? Das kann eine sehr unangenehme Frage sein. Oft bewirkt die Antwort eine Welle des Unbehagens, denn unsere Lebensweise erscheint nur vordergründig harmlos und rücksichtsvoll. Die Natur ist reich und freigebig. Vieles von dem, was wir zerstören, kann sie wieder ersetzen, wenn sie genügend Zeit und Gelegenheit dazu hat. Wenn der Mensch aber einmal in ihren Kreislauf eingegriffen hat, gelingt es ihr nicht mehr, die so exakt im Gleichgewicht gehaltenen und ineinandergreifenden Strukturen von Wachstum, Verfall und Stabilität wiederherzustellen. Wie stark unser Verlangen zu helfen auch sein mag, und wie weit unsere magischen Fähigkeiten auch entwickelt sind, wir können die Wüsten der Erde nicht in fruchtbares Land zurückverwandeln. Wir können das Ödland und die nackten Felsenflächen, die vor gar nicht so langer Zeit von undurchdringlichem Dschungel bedeckt waren, nicht wieder grün machen.

Veränderungen auf dieser Ebene müssen das Werk jener unsterblichen Wesen bleiben, die wir Zeit, Natur und Ruhe nennen. Der Bereich, in dem wir etwas tun können, ist wesentlich enger begrenzt, unsere Hilfe sollte in unmittelbarer Nähe einsetzen.

Wir alle müssen unsere Wahrnehmungsfähigkeit für die einzelnen Phasen der Natur wieder entwickeln, unser Gefühl für die Jahreszeiten und für die zyklischen Veränderungen, die sie auch auf den inneren Ebenen bewirken. Wir müssen uns mit den Kräften des Mondes beschäftigen, die mit seiner zunehmenden und abnehmenden Gestalt während seines Tanzes über den nächtlichen Himmel verbunden sind. Wir müssen uns um Verständnis für die heilenden Kräfte der Sonne und für ihre helle, schützende Energie bemühen, für ihr belebendes Licht, das unser äußeres und inneres Leben erst fruchtbar macht. Wir müssen lernen, die Gesetzmäßigkeit ihres Kreislaufs zu deuten, die sich beispielsweise auch auf unser persönliches Horoskop auswirkt. Berührt die Sonne mit ihrer Energie einen anderen Planeten, werden bestimmte veränderliche Aspekte des individuellen Charakters gesteigert und gefördert. Es ist notwendig, daß wir uns der jeweiligen Jahreszeit anpassen, den Zeiten des Wachsens, der Aussaat, der Reife und der Reinigung. Auch wenn man ohne entsprechende Schulung kaum wahrnimmt, auf welcher Ebene diese Kräfte wirksam sind, verändern sie unser Denken im inneren wie im äußeren Bereich.

Ein anderes Gebiet, auf das wir unsere Aufmerksamkeit richten, ist die menschliche Natur selbst. Wir werden uns damit beschäftigen, auf welche Weise sich das Ewige im Menschen spiegelt, wie der einzelne mit oder gegen den Strom der Gezeiten dieser Welt arbeiten kann. Wir werden auch die reale Welt unter verschiedenen Aspekten betrachten. Wir müssen uns mit den Pflanzen und Heilkräutern, mit der Kraft der Edelsteine, der Gesteinsarten und der Kristalle beschäftigen, ebenso mit dem Einfluß der Kraftlinien, jener unsichtbaren Adern, durch die die Energieströme der Erde fließen und die man mit der Wünschelrute aufspüren kann. Wir müssen Bescheid wissen über das Wetter, über den Wind und über Ebbe und Flut, denn obwohl deren Einwirkung kaum wahrnehmbar ist, verläuft unser alltägliches Leben wesentlich angenehmer, wenn wir im Einklang mit diesen Kräften arbeiten.

Jeder Mensch hat von einer zur nächsten Inkarnation verschiedene Aufgaben zu erfüllen. Wenn wir erkennen, worin diese bestehen, ist es leichter, sie zu lösen. Dabei spielen sicher unsere zwischenmenschlichen Beziehungen eine Rolle, die Art unseres Umgangs mit anderen, Liebe, Toleranz, Vertrauen und Rücksicht. Wir müssen uns darüber klarwerden, welche Gefühle unsere Mitmenschen uns gegenüber haben. Unser Sinn für derartig subtile Wahrnehmungen kann nur geweckt werden, wenn wir es uns gestatten, ganz entspannt und natürlich zu sein.

Es gibt magische Künste vieler Art. Manche sind schon sehr alt. Das gilt besonders für die Praktiken, die man unter der Bezeichnung Schamanismus wiederentdeckt hat. Andere sind erst in jüngerer Zeit entwickelt worden, etwa die Homöopathie, eine Heilmethode, die auf der Anwendung extrem gering dosierter Mineralien, Kräuter und anderer Substanzen beruht. Obwohl auch Pflanzentherapie und Kräutermedizin ein bestimmtes Maß an Buchwissen voraussetzen, spielen bei ihrer praktischen Anwendung vor allem die innere Kraft der Intuition und das feinstoffliche Fühlen eine große Rolle. Es ist erforderlich, daß man sich zuerst sehr genau mit den Abbildungen und der äußeren Erscheinungsform der Pflanzen beschäftigt, diese dann intuitiv den Kräften oder »Tugenden« der entsprechenden Kräuter, Bäume oder Blüten gegenüberstellt und schließlich sicher erkennt, ob man die richtige Pflanze und den richtigen Teil davon gefunden hat, der für eine bestimmte Behandlung gebraucht wird.

Eine wichtige Rolle spielt auch das Wissen über die Auswirkung der Jahreszeiten auf die Anwendung der Heilpflanzen. Im Winter ist man beispielsweise auf die getrockneten Blätter und Wurzeln angewiesen, denn niemand kann erwarten, daß uns die Natur auch im Januar stets frische Blüten liefert! Das mag zwar als überflüssiger Hinweis auf eine ganz offensichtliche und einleuchtende Tatsache erscheinen, doch es gibt Menschen, die es heute bereits für selbstverständlich halten, daß es in unseren

Häusern ständig warm und hell ist und darüber ganz vergessen, daß draußen der Winter herrscht und das Grün von den kahlen Zweigen verschwunden ist, die Gräser abgestorben sind und die mehrjährigen Pflanzen in der Erde ruhen.

Aber auch im Sommer ist es nicht immer möglich, genau den Stengel oder die Blüte frisch zu pflücken, die man gerade braucht. Die Pflanzen blühen nun einmal früher oder später, bei manchen sprießen die Blätter nur vor oder nach der Blütezeit, andere entwickeln bei Trockenheit oder bei nassem Wetter die gewünschten Heilstoffe nur in geringerem Maße. Wir können uns heute zwar über derartige veränderliche Faktoren aus Büchern informieren, doch das Entscheidende ist letzten Endes, daß wir selbst die Stellen finden, an denen die Pflanzen in der Natur vorkommen, oder daß wir zumindest wissen, wo die entsprechenden Kräuter vom Menschen kultiviert worden sind und kontrolliert angebaut werden. Wir müssen lernen, den tödlichen Schierling vom würzigen Kerbel zu unterscheiden, wenn im Frühling die ersten Blattspitzen gerade aus der Erde kommen. Wir müssen wissen, ob bestimmte Pflanzen und Kräuter auf Kalk- oder Lehmboden überhaupt wachsen oder nicht. Wir müssen die Kraft des Felsgesteins in der Tiefe kennen, die darüber entscheidet, welche Art von Bäumen in welchem Teil der uns vertrauten Landschaft gedeihen.

Wir müssen alle diese Dinge erst wieder lernen, die unsere Großeltern noch wußten, weil sie in enger Verbundenheit mit dem Land aufgewachsen sind und fast instinktiv wußten, was an welcher Stelle zu finden ist und welche Heilkraft eine Pflanze hat. Das ist erst wenige Generationen her, und doch ist schon ein großer Teil der Informationen verlorengegangen, die vor allem den Menschen noch zugänglich waren, die in ländlichen Gebieten in Eintracht mit der Natur lebten. Dieses Wissen verschwand, weil es der von der modernen Technologie geprägten Gesellschaft plötzlich nicht mehr wichtig schien. Erst heute erkennen wir wieder, was der Verlust dieser einfachen Volksweisheit bedeutet. Wir müssen alles mögliche unternehmen, um Dinge wieder zu erlernen, die noch vor achtzig Jahren zum selbstverständlichen Allgemeinwissen gehörten. Diese Aufgabe ist schon schwierig genug, doch sie ist nur ein winziger Teil von dem, womit sich ein angehender Naturmagier beschäftigen muß.

Die Erforschung der inneren Bereiche

Die anderen Methoden betreffen weitgehend die Entwicklung der geistigen Kräfte. Das bezieht sich nicht nur auf das Gedächtnis, das Pflanzen, Steine, Edelsteine, Symbole, Wolken, Planeten und die Botschaften des Windes sicher erkennen muß, sondern auch auf die geistige Fähigkeit, genau darüber Bescheid zu wissen, wie man das alles einsetzen kann.

Wer bin ich? Wohin gehe ich? Was will ich erreichen? Das sind die Fragen, mit denen sich jeder Mensch beschäftigen muß. Um weiterzukommen, müssen wir herausfinden, welcher Weg durch das Labyrinth des menschlichen Bewußtseins der gewählten Richtung am nächsten kommt. Auch wenn es Schwierigkeiten bereitet, uns mit all dem Material über die äußeren Fakten vertraut zu machen, müssen wir darauf gefaßt sein, daß uns die Übungen, die die inneren Tore öffnen und die uns lehren, wie man die Kontrolle darüber gewinnt, noch viel größere Schwierigkeiten bereiten. In der äußeren Welt gibt es schließlich Maßstäbe oder Normen, die auch für andere erkennbar sind. So kann man zum Beispiel sein Wissen dadurch unter Beweis stellen, daß man eine Liste der heilsamen Kräuter anfertigt. Für die inneren Ebenen gibt es keine deutlich erkennbaren Wegzeichen, keine nützlichen Nachschlagewerke. Hier sind wir allein auf unsere Intuition in ihrer unentwickelten Form angewiesen.

Um die Bereiche der inneren Wahrnehmung zu untersuchen, müssen wir in bisher unerforschte Gebiete vordringen. Wir müssen so lange ganz allein durch diese unbekannten, verborgenen Landschaften reisen, bis wir sie genauso gut kennen wie unsere alltägliche Welt. Wir brauchen für diese Übung genügend Zeit und einen Ort, an dem wir völlige Ruhe und Stille finden. Wir brauchen aber auch Mut, um das normale Wachbewußtsein auszuschalten und uns ganz frei einem anderen, ungewohnten Zustand zu überlassen, in dem das Unsichtbare sichtbar wird und wir lernen, uns der inneren Aspekte des eigenen Wesens bewußt zu werden. Dann beginnen wir, uns Schritt für Schritt sicherer zu fühlen.

Allmählich lernen wir, uns in diesem Bereich zu bewegen, der uns zunächst vielleicht wie eine Traumlandschaft erscheint. Wir entdecken hier Wesen, die uns ihre Hilfe und Führung anbieten und auch die Beherrschung der heilenden und magischen Kräfte versprechen. Jeder muß für sich entscheiden, ob diese Wesen »real« sind, ob sie ein Teil des eigenen Selbst sind oder ob sie eine eigene Existenz besitzen und auch vorhanden sind, wenn wir Menschen uns nicht in ihrer Welt befinden, um sie wahrzunehmen. Wie Sie diese Wesen, die Sie auf Ihren Reisen treffen, auch einschätzen (mehr darüber in einem anderen Kapitel), Sie müssen sie stets mit Respekt und Ehrerbietung behandeln, denn was immer sie auch sein mögen, sie besitzen auf jeden Fall eine ungeheure Macht und können Ihre Reise abrupt unterbrechen, Ihnen Angst und Schrecken einjagen oder Ihren Schlaf stören. Ebenso ist es aber auch möglich, daß sie Ihnen zeigen, wie die alten Kunstfertigkeiten zu meistern sind, sie können Sie lehren, in die Zukunft zu schauen, und sie können Sie zu den Quellen der inneren

Weisheit führen, die schon immer darauf warteten, von Ihnen entdeckt zu werden. Sie zeigen Ihnen den Weg, der für unsere einfachen, erdverbundenen Vorfahren vor wenigen Generationen noch ganz selbstverständlich war.

Die Zeit ist unser größter Feind. Wir scheinen niemals genug davon zu haben, obwohl die Zahl der zeit- und energiesparenden Geräte in allen Bereichen unseres Lebens ständig steigt. Die Beschäftigung mit der Magie erfordert sehr viel Zeit, gerade zu Beginn müssen wir uns genügend Muße und Urlaub vom Alltagsgeschehen nehmen. Sobald wir die alten Künste einmal beherrschen, verwischen sich die Grenzen, der magische Bereich und unser Alltag gehen unsichtbar ineinander über, und wir neigen dann dazu, die inneren Kräfte fast die ganze Zeit über einzusetzen. Anfangs ist es jedoch notwendig, daß wir uns ganz bewußt jeden Tag ein wenig Zeit nehmen und uns durch nichts ablenken lassen, zu üben, nachzudenken und die Dinge wieder neu zu lernen, die wir als Kind noch wußten. Ohne regelmäßiges Üben werden wir keinen Erfolg haben. Kommt es zu Unterbrechungen, wenn wir die verschlossene Tür zur inneren Weisheit schon einen Spalt geöffnet haben, kann es recht unangenehm werden. Es ist unbedingt erforderlich, daß wir schon bei den ersten Schritten im Bereich der Magie die feste Verpflichtung eingehen, uns mit Hingabe der neuen Aufgabe zu widmen und durchzuhalten – zumindest für einige Jahre!

Kräuter, Pflanzen und Bäume

O Kreis der Sterne, von dem unser Vater nur der jüngere Bruder ist, Wunder jenseits der Vorstellung, Seele des unendlichen Raumes, von dem die Zeit beschämt, der Geist verwirrt und das Verständnis dunkel ist, wir können nicht zu dir gelangen, außer dein Bild ist Liebe. Daher rufen wir dich an durch den Samen und die Wurzel und den Stamm und die Knospe und das Blatt und die Blüte und die Frucht.

Aleister Crowley: Magick Band II

Wenn wir uns sinnvoll mit der Naturmagie beschäftigen wollen, ist es unsere erste Aufgabe, die Beziehung zur Erde unter unseren Füßen und zu Mutter Natur, zur Erdenmutter, die uns so großzügig von ihrem Überfluß schenkt, auf eine neue Grundlage zu stellen. Solange wir nicht bereit sind, die Erde als eine riesige lebendige Wesenheit zu achten und zu lieben, ist es nur Zeitverschwendung, wenn wir versuchen, ihre magischen Kräfte zu nutzen. Wir leben in einer kritischen Epoche. Die Erde ist in Gefahr, und auch die Menschheit kann leicht zur bedrohten Art werden, und das durch ihre eigene Torheit, durch Habgier und durch das unersättliche Verlangen, immer mehr Dinge zu besitzen. Wir können uns nicht länger auf Unwissenheit berufen. Die Medien bringen in den letzten Jahren stets neue Bilder, Artikel, Dokumentarfilme und andere aufklärende Berichte über das, was dem Erdboden und den Flüssen, den Ozeanen und dem jetzt verschmutzten Himmel zugefügt wird. Es gibt keine Entschuldigung mehr. Obwohl sich der einzelne in keiner Weise schuldig am destruktiven

Verhalten der Natur gegenüber fühlt, sind wir alle bis zu einem gewissen Grad für das verantwortlich, was um uns herum geschieht.

Es liegt an jedem einzelnen, eine neue und individuelle Anstrengung zu unternehmen und das irgend Mögliche zu tun, um das Gleichgewicht wiederherzustellen und der Natur zu helfen, die Dinge wieder in Ordnung zu bringen, die noch nicht so stark geschädigt sind, daß man sie nicht mehr retten kann. In diesem Sinn können wir gewiß auch innerhalb der Grenzen der äußeren Welt etwas tun. Wir können Bäume anpflanzen, für die Wiederverwertung der Abfallstoffe sorgen und uns an entsprechenden praktischen Aktionen beteiligen. Doch die Menschen, die den Weg der Magie gehen, haben noch andere Aufgaben. Es gibt viele Bereiche innerhalb der inneren Welten, wo schon eine verhältnismäßig geringe gemeinschaftliche Anstrengung zur Grundlage für gewaltige positive Veränderungen in der äußeren Welt werden kann. Die Magie setzt an der Wurzel der Verwandlung an, beim Vegetationspunkt, also an der Stelle, von der das neue Wachstum ausgeht. Indem wir etwas in Gang bringen und die Energie nutzen, die bei jeder Veränderung frei wird, ist es möglich, eine Verwandlung in weit größerem Maßstab zu bewirken, als es ein einzelner oder eine Gruppe durch die Arbeit in der äußeren Welt jemals erhoffen könnte.

Die alten Künste

In früheren Zeiten war es das einfache Landvolk, das die Gesetze der heiligen Naturmagie erkannte, während es die wenig abwechslungsreichen Pflichten in Feld und Hof erledigte. Beim Säen und Mähen, bei den Erntearbeiten, beim Auflesen der Steine und beim Ausbreiten des Düngers hatte man reichlich Zeit, seinen Gedanken nachzugehen. Der Tagesablauf wurde von der Sonne bestimmt, die Nächte von den Mondphasen. Die Menschen mußten schwer arbeiten, und ihre Mühe brachte nur geringen Gewinn. Doch sie spürten wahrscheinlich noch bis zu einem gewissen Grad den inneren Frieden und die Zufriedenheit, die wir heute trotz aller Bequemlichkeit der modernen Zivilisation so oft vermissen. Jede Familie und jeder einzelne hatte seinen Platz innerhalb der Gesellschaft. So konnten sie den großen Schatz der Kenntnisse und Erfahrungen über die traditionellen handwerklichen und gewerblichen Fertigkeiten von den Menschen ihrer Umgebung übernehmen. Manche hatten darüber hinaus die Gabe, mit den Geheimnissen umzugehen, die die weisen Männer und Frauen gesammelt hatten, und bewahrten das Wissen der Volksmagie über Kräuter, Steine, Bäume und andere heilige Dinge, die die Natur für ihre Kinder bereithält. Ein großer Teil dieser uralten Weisheiten und Fertigkeiten sind inzwischen für immer verloren, weil sich die gesamte Lebensstruktur in den ländlichen Gebieten verändert hat. Doch manches hat sich nur auf die zeitliche Ebene der Vergangenheit zurückgezogen und bleibt im Gedächtnis der Menschheit gespeichert. Dort ist es gut aufgehoben, bis eines Tages moderne Abenteurer zu jenen vergessenen Orten vordringen und das dort ruhende Wissen wieder wachrufen.

Die Neigung zur Magie wurde meist in bestimmten Familien oder Sippen weitergegeben, genau wie etwa das Talent, mit Pferden umzugehen, der »grüne Daumen« für Pflanzen oder die Begabung, das Wetter vorherzusagen. Die Magie setzt vielfältige Fähigkeiten voraus, die zum Teil auf der mentalen Ebene liegen (so ist beispielsweise ein ausgezeichnetes Gedächtnis wichtig, um sofort den richtigen Zauberspruch bereit zu haben) und zum Teil die praktische Ebene betreffen. Es nützt nicht viel, daß man weiß, wie ein Talisman beschaffen sein muß, wenn man nicht auch die nötige Geschicklichkeit besitzt, ihn zu entwerfen, zu schnitzen, zu malen, zu sticken oder ihm auf andere Weise Form und Gestalt zu geben, sobald man ihn braucht. Man sollte auch darüber Bescheid wissen, wofür sich bestimmte Materialien eignen und wie man sich die ganz alltäglichen Dinge zunutze machen kann. Viele der traditionellen Amulette und Glücksbringer sind im Grunde nichts anderes als Steine, Zweige oder Holzstücke, denen die Natur besondere Kräfte verliehen hat. Jeder Naturmagier erkennt sie sofort.

Die Bedeutung der Bäume

Fast alle Bäume besitzen eine ganz besondere Energie, die sie auf den Menschen übertragen können. Bei manchen ist ganz deutlich eine Heilwirkung zu spüren, andere vermitteln Kraft oder Ruhe, manche wiederum eine Art strahlende Vitalität, die unser erschöpfter Geist sofort absorbieren kann. Die Bäume werden von mächtigen Baumgeistern beschützt, die man als Dryaden oder Baumnymphen bezeichnet. Sie können dazu beitragen, den aus Holz gefertigten Amuletten Kraft zu verleihen, wenn es gelingt, mit ihnen Kontakt aufzunehmen, und sie bereit sind, uns zu helfen.

Auch bei der Vielzahl von pflanzlichen Heilmitteln spielt der Baum eine Rolle. Das reicht vom einfachen Aufguß oder Tee aus Blättern über den Absud von Rinden (etwa der Weidenrinde, aus der Salizylsäure, der Wirkstoff des bekannten Aspirin, gewonnen wird), bis zu den feinen und doch außerordentlich wirksamen Essenzen der Bach-Blütentherapie. Dabei handelt es sich um die Entdeckung des englischen Arztes Dr. Edward Bach, daß man bestimmten Blüten und Bäumen die Wirkstoffe oder die Heilkraft entziehen und in einer Lösung konservieren kann. Die so gewonnenen Essenzen werden mit großem Erfolg als Heilmittel eingesetzt. Dr. Bach ging von dem uralten Verfahren aus, Blüten in Quellwasser zu legen, und entwickelte schließlich seine berühmte Sonnenmethode, mit der es ihm gelang, durch Einwirkung der Sonnenstrahlung die geheime Kraft von 38 verschiedenen Pflanzen auf die sogenannten Bach-Blütenessenzen zu übertragen. Sie entfalten ihre Wirkung mit wahrer Wunderkraft bei vielen Seelen- und Gemütszuständen, die für die Schulmedizin nicht einmal existieren und für die es deshalb auch keine Hilfe und Behandlungsmöglichkeit gab. Die Bach-Blütentherapie wirkt bei Furcht und Ängstlichkeit, bei Unsicherheit, Unduldsamkeit und Überempfindlichkeit, bei außergewöhnlichen Ereignissen, bei Verwirrung, Schmerzen, Verlust und Erschöpfung überaus segensreich. Viele dieser heilenden Essenzen werden von bekannten Bäumen wie etwa Eiche, Ulme, Föhre, Kastanie, Lärche oder Holzapfel gewonnen. Ihre Wirkung zielt nicht zuerst auf den körperlichen Bereich, sondern auf Geist und Gemüt. Patienten, die lange Zeit unter schweren Depressionen, unter Anspannung, Unentschlossenheit oder unerträglichen Schmerzen gelitten haben, erscheinen sie fast als ein Wunder. Bei manchen dieser Essenzen erfolgt eine augenblickliche Reaktion. Sie können dafür sorgen, daß sich nach einem Unfall oder Schock das Gemüt sofort beruhigt. Das gilt etwa für Rescue Remedy, die Notfalltropfen. Andere dieser Mittel führen den Schlaf herbei oder sorgen allmählich für einen ausgeglichenen Seelenzustand. Unter Umständen kann es einen ganzen Mondzyklus lang dauern, bis sich der heilende Einfluß bemerkbar macht. Ausführliche Informationen über diese Heilmittel gibt das Dr. Bach Healing Centre, Mount Vernon, Sotwell/Wallingford, Oxon; OX 10 OPZ, England.

Der Baum spielt auch in der Magie des westlichen Kulturkreises eine große Rolle. Die alten Druiden, die keltischen Priester, leiteten sogar ihren Namen von der Eiche ab. Druide bedeutet soviel wie »der Eichenkundige«. Die Kelten bauten keine festen Tempel, sondern hielten ihre Zeremonien unter den Ästen und Zweigen der Bäume in ihren heiligen Hainen ab. Die Druiden waren nicht nur Priester, sondern auch Magier, Astrologen, Gesetzgeber und Heiler. Der moderne Druidenorden, ein Geheimbund, dessen Mitglieder man gelegentlich beobachten kann, wenn sie in der Öffentlichkeit ihre Sonnenfeste feiern, hat kaum mehr eine Beziehung zu seinen zauberkräftigen Vorfahren. Wir verdanken es aber diesem Orden, daß zumindest ein Teil des alten Gedankengutes bewahrt wurde. Bei den Kelten gab es neben dem bekannten Ogham-Alphabet ein zweites Schreibsystem, die Baumschriften Boibel-Loth und Beth-Luis-Nion (nach den ersten drei Buchstaben: Beth = Birke, Luis = Eberesche, Nion = Esche). Man konnte also, natürlich vor allem im Sommer, Botschaften übermitteln, indem man verschiedene Blätter an einen Zweig steckte. Der Empfänger der Nachricht deutete dann den Sinn »Buchstabe für Buchstabe«.

Insgesamt gab es etwa zwanzig Buchstaben, die ebenso vielen einheimischen Bäumen zugeordnet waren. Auf der magischen Bedeutung dieser Bäume beruhte ein kompliziertes Weissagungssystem. Die »sprechenden Zweige« oder das »Bardenlos« waren etwa handspannenlange Hölzer, ungefähr so dick wie ein kleiner Finger, deren oberes und unteres Ende durch die Art der Bearbeitung gekennzeichnet war. Man schüttelte das Bündel dünner, gerader Hölzer in einem zylindrischen Behälter, der wahrscheinlich aus dem Holz des Totembaums des Wahrsagers geschnitzt war. (Unter einem Totembaum versteht man den Baum, der einer bestimmten Familie oder einem Clan besonders heilig war.) Die Hölzchen wurden auf ein diesem Zweck vorbehaltenes weißes Tuch geworfen. Das entstehende Muster und die Art, wie sich die Stäbchen berührten und kreuzten, deutete man ähnlich wie die ausgelegten Tarotkarten. Man liebte das Geräusch, das beim Durcheinanderschütteln der Hölzer im Becher entstand, ebenso das leise Klappern, mit dem die trockenen Holzstäbe aufeinanderfielen.

In früherer Zeit wurde der Familienname oft vom Totembaum abgeleitet. Wenn man das Telefonbuch von heute durchsieht, findet man immer noch Namen wie Erler, Escher, Eich, Birkle, Lindemann, Fichte, Nottebohm und so weiter. Viele Namen lassen auch erkennen, daß die Vorfahren in irgendeiner Weise mit dem Wald oder mit der Holzverarbeitung zu tun hatten. In diese Gruppe gehören etwa Hecker, Waldmann, Rodenstock, Köhler, Förster, Holzhauer, Sägemüller oder Brettschneider. Derartige Namen weisen noch in unseren Tagen auf die Vielfalt der Berufe hin, die sich früher mit dem Holz und den Bäumen beschäftigte. Vielleicht gehört sogar Ihr eigener Familienname dazu! Immerhin war zur Zeit der Kelten ein wesentlich größerer Teil Europas von Wald bedeckt als heute.

In der Magie spielte das Holz stets eine wichtige Rolle. Man hatte schon sehr früh entdeckt, daß dieses Material die Eigenschaft besitzt, auf dem Wasser zu schwimmen. Heute geht man davon aus, daß die riesigen Steine für die vorgeschichtliche Anlage von Stonehenge auf Flößen transportiert worden sind, manche über mehrere Meilen bis von Marlborough Downs her, andere könnten sogar aus den Prescelly Mountains in Südwales stammen. Schiffe, Häuser, Speere, Pfeil und Bogen sind Zeugnisse des vom Holz geprägten Zeitalters. In Woodhenge, das noch älter ist als Stonehenge, befand sich eine gewaltige kreisförmige Tempelanlage. Es ist nicht verwunderlich, daß in der magischen Überlieferung immer wieder hölzerne Gegenstände wie Ruten, Stöcke oder Stäbe auftauchen. Selbst bei den modernen Magiern ist der alte Brauch noch andeutungsweise zu erkennen. Sie halten als Zeichen ihrer Macht nach wie vor den Zauberstab in der Hand, genau wie man es auf den klassischen Tarotkarten sehen kann. Es ist interessant, daß auf manchen alten Bildern aus diesem Stab frische Triebe sprießen.

Wahrscheinlich war der Holzstock das erste Werkzeug des Menschen. Einer unserer Vorfahren hat ihn wohl eines Tages vom Boden aufgehoben, um damit reife Früchte von einem höheren Ast zu holen. Etwas später hat man mit diesem Stock die Flamme oder Glut eines vom Blitz getroffenen Baumes zur ersten Feuerstelle getragen. Das Feuer härtete und glättete das Holz, es schärfte die Spitze, und schließlich wurde daraus ein Pfeil oder Speer, dessen Wirkung weiter reichte als der Arm des Jägers. Zu irgendeinem Zeitpunkt hat man dann entdeckt, daß derartige Stöcke oder Stäbe in den Händen sensitiver Menschen als Wünschelruten wirken, die in der Erde verborgenes Wasser anzeigen und die Richtung zu einer Quelle weisen. Später wandte man die gleiche Technik an, um Mineralien, Gold und Öl zu suchen. Noch heute arbeiten Rutengänger nach dieser alten Methode.

Der Baum ist ein mächtiges Symbol. Dieses Sinnbild ist in fast allen Religionen und alten Philosophien vertreten, etwa als Baum des Lebens oder als Baum der Erkenntnis (von Gut und Böse). Wenn man die historischen Dokumente aufmerksam studiert, erkennt man, daß in den Skulpturen und Bildern aus Indien, Ägypten, Persien, Chaldäa, Babylon, Skandinavien und ganz Europa der heilige Baum als Sinnbild für das ewige Leben, als Achse der Welt, als Hüter der Weisheit, als Beschützer der Propheten vor Hitze und Sonne und in vielen anderen Funktionen dargestellt ist.

In Britannien verbirgt der Baum den Gott der Natur, den Gefährten der Mutter Erde. In den alten Kirchen und Kathedralen taucht unter all den Figuren der Reliefs und Deckengemälde immer wieder eine Gestalt mit menschlichem Gesicht auf, die von grünen Blättern, Blüten und Weinreben umrankt ist, auch aus Mund, Haar und Bart quillt das Grün. Versteckt in den Bauwerken des hereindrängenden Christentums, kommt hier noch einmal die alte Naturgottheit zum Vorschein und zeigt an, daß der ursprüngliche Glaube auch inmitten der neuen Symbolik seine Verkörperung finden kann. Auch das weibliche Pendant ist häufig dargestellt. Die Naturgöttin, nach altem Brauch verkleidet und verwandelt, erscheint als Hirschkuh, Hase, Katze oder Eule, aber auch in Gestalt der Lilie und der Rose. An der Konstruktion mancher alten Dorfkirche ist noch zu erkennen, daß das Gewölbe den Zweigen eines Baumes ähnelt, die sich von den steinernen Pfeilern zur Mitte hin ausbreiten und immer neue Nischen für ruhende Engel, für Faune, Baumgeister und die einstmals heiligen Tiere bieten. All das Blattwerk weist deutlich darauf hin, daß die frühere Baumverehrung noch immer lebendig ist. Als man die Gläubigen veranlaßte, sich nicht länger dem Regen auszusetzen, sondern aus dem Schutz der heiligen Haine ins Innere eines Gebäudes zu gehen, wurde ein Teil der vertrauten Symbole in die Struktur der steinernen Bauten übernommen. Die Steinmetze sorgten dafür, daß die heiligen Symbole eines unvergänglichen Glaubens einen Platz erhielten.

Im allgemeinen kommt es heute nicht mehr vor, daß wir uns in der Wildnis der Wälder verirren. Wir können aber immer noch etwas von der Kraft und vom Einfluß des Waldes auf unser inneres Leben spüren, wenn wir einen solchen Wald selbst in der inneren Schau entstehen lassen. Dazu müssen wir die Baumarten kennen, denn kein Baum gleicht dem anderen. Ein jeder ist von eigenen geheimnisvollen Energien und Heilkräften durchdrungen. Ehe wir sie uns zunutze machen können, müssen wir uns darüber informieren. Sehen Sie sich in der nächsten Umgebung um. Selbst mitten in der Großstadt findet man Bäume aller Art.

Gehen Sie hinaus ins Freie, und schauen Sie sich die Bäume genau an. Fühlen Sie die Kraft, die langsam im Stamm nach oben steigt oder nach unten fließt. Riechen Sie an den Blättern, hören Sie zu, was die Zweige und Blätter im Wind erzählen, nehmen Sie die besondere Luft im näheren Umkreis des Baumes wahr. Sehen Sie nach, ob Blüten da sind, ob sich Früchte entwickeln. Finden Sie heraus, wie der Baum heißt, wie lange seine Lebensdauer ist, wozu das Holz gebraucht wird und welche Bezeichnung die Magie für diese Art kennt. Stellen Sie eine Beziehung zu einem schönen, gesunden Baum her. Zeigen Sie diesen Baum den Kindern, veranstalten Sie ein Picknick unter seinen Zweigen, umarmen Sie ihn, wenn Sie Trost brauchen. Suchen Sie sich einen Baum, um den Sie herumtanzen können, auch wenn Sie längst erwachsen sind. Sollte Sie jemand darauf ansprechen, sagen Sie einfach, es sei Ihr Geburtstag oder in Ihrer Familie hätte man nun einmal die Angewohnheit, sich mit Bäumen zu unterhalten! Sie müssen bereit sein, sich über die Konventionen hinwegzusetzen, die einen Unterschied zwischen dem Menschen und den Aspekten oder Ausdrucksformen der Natur machen. Denken Sie stets daran: Jeder Baum besteht aus derselben Materie wie die Sterne, das macht ihn zu unserem Verwandten, denn auch wir selbst sind aus dem Stoff, aus dem die Sterne sind.

Wenn Sie erst einmal einige echte Bäume oder, wenn das möglich ist, einen ganzen Wald genau kennengelernt haben, wird es leichter, ein inneres Tor zu jenem »wilden Wald« aufzustoßen, in dem uns die Abenteuer erwarten und wo ein großer Teil der Naturmagie seine Wurzeln hat. Die Wildnis, die es in jedem Menschen gibt, ist der Ort des Formens und Gestaltens. Hier sind die Elemente zu Hause, die all die Veränderungen und Entwicklungen bewirken, um die wir uns in unserem Leben bemühen. In diesem inneren Bereich sind alle Aspekte der individuellen

Kreativität, die künstlerischen, musikalischen, poetischen und literarischen Talente zu finden, aber auch Erfindungsgabe und Einfallsreichtum, die Fähigkeit, mit Schwierigkeiten fertigzuwerden, zu lernen und sich weiterzuentwikkeln. Die meisten Menschen wagen es niemals, in diese schattenhaften Tiefen vorzudringen und sich den unbekannten Seiten des eigenen Selbst zu stellen. Normalerweise werden sie nur in unseren Träumen halb sichtbar, auch in einem guten Buch begegnen wir ihnen manchmal wie einer Ahnung, die uns als fernes Echo berührt.

In der Welt von heute ist uns der Begriff »Wald« eher ungewohnt, und unsere Gedanken beschäftigen sich kaum mit dem Thema. Dabei liegt gerade in diesem uns fremd gewordenen Bereich zum großen Teil das noch unentdeckte gemeinsame magische Erbe Europas, Süd- und Nordamerikas. In diesem wilden Dschungel finden wir die Schlüssel zu allem, was wir werden, besitzen oder durch die Beschäftigung mit der Magie erreichen wollen, wir müssen nur den Entschluß fassen, uns diesem verwirrenden Weg anzuvertrauen. Es ist ein »Ort zwischen den Welten«, ein Ort der Vergangenheit und Zukunft, hier treffen Innen und Außen, die Magie und die »Realität« zusammen. Auf diesen schattigen Wegen und versteckten Lichtungen kommen wir zu den Hütten der alten Schamanen und zu den Palästen der Heiligen Könige, die vor langer Zeit am Kreuz geopfert wurden und trotzdem noch dort leben, wo sie weder von der Zeit noch vom Auf und Ab der Gezeiten berührt werden. Hier ist die Zuflucht der Großen Göttin, der Erdenmutter Gaia und all der Göttinnen der heiligen Quellen der Inspiration und des Grals. Hier haben noch die Orakel eine Heimat, nachdem man Delphi und Ephesos den Touristenströmen preisgegeben hat. Hier bewohnen die Elementarwesen ihr eigenes Reich in Erde, Wasser, Luft und Feuer, hier können wir ihnen noch von Angesicht zu Angesicht begegnen, denn aus dem

Gewimmel und Gedränge unserer alltäglichen Welt haben sie sich längst zurückgezogen.

Märchen, Geschichten und innere Reisen

Jeder Mensch besitzt einen geheimen Schlüssel, der ihm das Tor zu den inneren Bereichen öffnen kann. Leider haben wir gewöhnlich vergessen, wie man ihn benutzt. Mit einer Methode waren wir als Kind noch eng vertraut, nämlich mit der Kunst des Geschichtenerzählens. Im fernen Osten versucht man, der irdischen Welt mit Hilfe der Technik des Chantens zu entkommen, man nimmt bestimmte Haltungen ein, zählt die Atemzüge oder konzentriert sich auf die Zeichnung von Mandalas. Im Westen haben wir die Möglichkeit, uns ein anderes vergessenes Element des ererbten Wissens zu erschließen. Heldensagen, Märchen, Mythen und Legenden sind nicht nur eine Art kurzweiliger Unterhaltung aus den Tagen, als es weder Rundfunk noch Fernsehen gab, sie sind vielmehr verschlüsselte Programme, die auf bestimmte geistige Aspekte des Menschen einwirken. Sie besitzen die Kraft, unsere Phantasie, die visionäre Erkenntnis und den klaren Blick für Dinge aus anderen Zeiten (das gilt für die Vergangenheit ebenso wie für die Zukunft) freizusetzen.

Jedem überlieferten Märchen liegt ein bestimmtes Prinzip zugrunde. Wenn man lernt, nicht nur die Worte zu hören, sondern auch die darin versteckte geheime Botschaft, wird allmählich deutlich, daß man mit Hilfe dieser überlieferten Geschichten auch den Zugang zu den tief verschütteten Aspekten des eigenen Bewußtseins wiederfinden kann. Die Figuren der Sagen und Märchen stellen bestimmte Seiten unseres eigenen Charakters oder der Gestalten dar, denen wir sowohl in der äußeren Welt als auch in den verborgenen Bereichen in uns selbst begegnen. Carl

G. Jung bezeichnete sie als Archetypen und beschrieb in seinen Büchern viele der bekannten Märchengestalten, etwa die weise alte Frau, die Hexe, den Helden, den Knaben und die Jungfrau/Mutter. Jede dieser Figuren verkörpert ein Wesen, dem wir auch auf unseren inneren Reisen begegnen und bei dem wir Hilfe und Heilung suchen können. Jede ist zugleich auch ein bisher unbeachteter Aspekt des eigenen wahren, vollständigen Selbst. Diese Auffassung ist wahrscheinlich besonders schwer nachzuvollziehen.

Wenn wir die uralte Kunst des Geschichtenerzählens, die die Barden so gut beherrschten, heute wiederaufleben lassen und ganz in das Reich der Sagen und Mythen eintauchen, wird unser Geist sanft von allen weltlichen Sorgen hinweggeführt. Ohne daß wir es bemerken oder dagegen protestieren, findet jene subtile Veränderung des Bewußtseins statt, die schließlich in einen kontemplativen Zustand übergeht. Etwas Mühe, Konzentration, Ausdauer und auch eine gewisse Zielstrebigkeit sind die Voraussetzungen, daß diese einfache Übung zum Erfolg führt. Sie steht ganz in der Tradition der Naturmagie, und im allgemeinen kommt auch der Anfänger zu guten Ergebnissen.

Die Stelle des reisenden Märchenerzählers, der ins Haus kommt und seine Geschichten zu den Klängen einer Harfe deklamiert, hat inzwischen der Kassettenrecorder übernommen. Es gibt eine ganze Reihe guter Aufnahmen sorgfältig gestalteter innerer Reisen mit Musik oder anderen Klangeffekten, die besonders dafür gedacht sind, den Hörer in andere Erfahrungs- und Erkenntnisbereiche zu geleiten. Mit Hilfe der Symbolik, die viel wirksamer ist als das nur beschreibende Wort, wird der Hörer sanft aus seiner gewohnten Umgebung hinweggeführt und auf die Ebene der Wahrnehmung der inneren Bereiche versetzt.

Voraussetzung für die Gestaltung einer solchen Phantasiereise ist, daß sich der Erzähler oder Verfasser tatsächlich auf jene anderen Existenzebenen begibt, daß er selbst in den »wilden Wald«, in den inneren Dschungel geht und beschreibt, was ihm dort begegnet. Es geschieht oft, daß man sich beim Anhören einer solchen Aufnahme stets ein paar Schritte voraus wähnt, so daß man erst mit einer kleinen Verzögerung zu den im einzelnen beschriebenen Orten gelangt oder die Bewohner dieser Ebene trifft, von denen soeben die Rede war. Tritt diese Erscheinung auf, dann haben wir die Gewißheit, daß wir tatsächlich in den gewünschten Bereich vorgedrungen und alle unsere Erfahrungen innerhalb dieses Kontextes real sind. Es ist sehr wichtig, immer den beschriebenen Weg einzuhalten. Man verirrt sich leicht, wenn man die Anweisungen nicht beachtet, an einer Stelle zu lange verweilt oder sich ablenken läßt. In solchen Fällen ist jeder auf sich allein gestellt, und was uns dann begegnet, ist vielleicht wenig hilfreich oder versetzt uns sogar in Angst und Schrecken.

Es ist wirklich entscheidend, daß wir auf jeder neu erreichten Stufe alles sorgfältig untersuchen, was in unser Blickfeld kommt, ob es sich um eine Gestalt, einen Ort oder einen Gegenstand handelt, und daß wir unsere Aufmerksamkeit dabei vollkommen entspannt nur auf diesen einen Punkt konzentrieren. Das fällt manchmal leichter, wenn man das Gesprochene wiederholt und seine ganze imaginative Kraft einsetzt, um das beschriebene Bild deutlich vor dem geistigen Auge entstehen zu lassen. Übt man diese Technik zuerst mit einfachen Schilderungen, um den allgemeinen Verlauf einer solchen inneren Reise kennenzulernen, wird man die Methode nach und nach immer besser verstehen und sie bald soweit beherrschen, daß man damit arbeiten kann. Bei dieser Übung sind die Augen stets geschlossen, der ganze Körper bleibt angenehm entspannt.

Vor Beginn jeder inneren Reise sind einige Dinge vorzubereiten. Sie brauchen einen bequemen Stuhl, der aber ausreichend Halt bieten muß, und einen Ort, an dem Sie mindestens eine halbe Stunde lang nicht gestört werden. Es ist nicht zu empfehlen, daß Sie es sich auf dem Bett bequem machen, denn das Bett ist im Unterbewußtsein als der Ort programmiert, an dem man sich zum Schlafen zurückzieht. Es fällt deshalb schwer, nicht einzunicken. Für Atmung und Kreislauf ist es besser, daß man aufrecht sitzt, wobei sich die Wirbelsäule in ihrer natürlichen Krümmung befindet und etwas gestützt wird. Den Kopf halten Sie aufrecht. Sie werden selbst spüren, daß man sich mit erhobenem Kopf völlig entspannen kann. Entspannen Sie Hals und Nacken, das Gesicht und die Schultern, indem Sie jeden einzelnen Bereich zuerst anspannen und dann wieder lockern. Arbeiten Sie auf diese Weise den ganzen Körper von oben nach unten durch, und spüren Sie aufmerksam die Stellen im Innern auf, die verspannt sind oder sonst Beschwerden bereiten. Achten Sie darauf, daß Sie ganz ruhig und gelassen werden. Dann erst sind Sie bereit, die Reise zu beginnen. Atmen Sie einige Minuten langsam und tief, atmen Sie alle Spannung und jeden Ärger aus und nehmen Sie beim Einatmen Energie und innere Klarheit in sich auf. Folgen Sie bei einer Übungssitzung dem im folgenden Abschnitt beschriebenen Weg, oder unternehmen Sie eine andere innere Reise mit ähnlichen Bildern. Schließen Sie die Augen, und verharren Sie in absoluter Stille. Dieser Punkt ist sehr wichtig, denn wenn man erst einmal beginnt, auf dem Stuhl hin- und herzurutschen oder einen Teil des entspannten Körpers zu bewegen, wird der Zustand der ruhigen Ausgeglichenheit unterbrochen, und man muß wieder von vorn beginnen. Legen Sie nach jedem Punkt eine kleine Pause ein.

Hans im Grünen (»Jack in the Green«)

Stellen Sie sich klar und deutlich vor, daß Sie einen Weg entlanggehen, der durch eine Wiese führt. Sie riechen den Duft, den das geschnittene Gras verströmt. Sie spüren den Wind und die Wärme der Sommersonne auf dem Gesicht. Blicken Sie um sich, und betrachten Sie die bunten Feldblumen, die zwischen den Hecken am Rand der Wiese wachsen. Entspannen Sie sich ein wenig tiefer, und nehmen Sie mit allen Sinnen den Anblick, den Duft und die Geräusche dieser Landschaft auf.

Folgen Sie dem ausgetretenen Pfad durch die Wiese bis in den Schatten eines kleinen Wäldchens. Die Bäume tragen das üppig-grüne hochsommerliche Laub. Sie spüren, daß die Luft hier etwas kühler ist. Sie hören das Rauschen der Blätter und das Gezwitscher der Vögel. Sie riechen die welkenden und modernden Blätter, die in einer dicken Schicht die Erde unter Ihren Füßen bedecken. Nehmen Sie auch den intensiven Duft wahr, der entsteht, wenn die Sonne auf das Blätterdach brennt. Berühren Sie den Stamm des nächsten Baumes. Fühlen Sie, wie rauh die Rinde ist! Strecken Sie sich ein wenig, und ziehen Sie einen der federnden Zweige zu sich herunter, damit Sie die Blätter näher betrachten können. Fühlen Sie die Struktur, die glatte Oberfläche, den geschwungenen Bogen des Außenrandes. Riechen Sie an den Blättern. Betrachten Sie den Zweig, untersuchen Sie den Knospenansatz und die Art, wie sich die Blätter daraus entwickeln. Lassen Sie den Zweig wieder los, und hören Sie, wie er zurückschnellt.

Jetzt lehnen Sie sich an den Baumstamm und lassen sich ganz langsam daran heruntergleiten, bis Sie zwischen den Wurzeln auf dem Boden sitzen. Betrachten Sie das Muster, das die Blätter und Zweige bilden. Sehen Sie, wie das Sonnenlicht funkelt, wenn es durch das Grün blitzt. Fühlen Sie die Stärke und die Lebenskraft des Baumes. Fragen

Sie den Baum, ob er mit Ihnen sprechen will. Warten Sie auf seine Antwort, bleiben Sie dabei ganz entspannt und vertiefen Sie sich immer mehr in die Realität dieser Szene.

Sie bemerken, daß eine Gestalt zwischen den Bäumen hindurch auf Sie zukommt. Es ist Hans im Grünen oder »Jack in the Green«, eine Sagenfigur, die in England vor allem bei den Maifesten eine Rolle spielt. Hans im Grünen ist ein kleiner Mann mit faltigem Gesicht, vom Alter gebeugt. Sein Haar ist weiß wie der Schnee im Winter. Seine Augen sind blau wie der Himmel an einem Frühlingstag. Seine einfachen Kleider zeigen die grünen Farben des sommerlichen Waldes. Sein runzeliges Gesicht hat das Braun der Buchenblätter in der Herbstsonne. Er lächelt Ihnen zu. Seine Kleidung scheint aus Blättern zu bestehen, um seinen Hals windet sich ein Kranz aus Kletterpflanzen, die auch mit dem schneeweißen Bart verflochten sind. »Ich bin gekommen, dich zu lehren«, sagt er. »Ich werde dich auch zur Grünen Dame mitnehmen, wenn die richtige Zeit gekommen ist.« Sie spüren, daß er Ihnen mehr über diesen Wald sagen könnte. Er ist freundlich und weise. Sie entspannen sich noch ein wenig mehr, und es kommt Ihnen eine Frage in den Sinn. Sie stellen diese Frage und warten, während er nachdenkt und dann antwortet. Er sitzt neben Ihnen, aber nicht allzu dicht. Sie stellen zwei weitere Fragen und waren, bis seine Antwort kommt.

Sie erkennen, daß sich die Zeit Ihres Besuchs dem Ende nähert. Vielleicht sind Sie nur wenig weitergekommen, vielleicht waren Ihre Fragen auch nicht besonders wichtig. Hans im Grünen lächelt wieder und greift in seine Tasche. Als Zeichen der Erinnerung zieht er ein kleines Geschenk heraus, das nur für Sie persönlich bestimmt ist. Es ist etwas aus dem Wald, etwa ein Zweig, eine Nuß, ein sonderbar geformtes Stück Holz. Das ist nun Ihr Erkennungszeichen, Ihr Passierschein. Nehmen Sie es mit dankbarem Herzen an, und sprechen Sie Ihren Dank aus. Bedanken Sie sich ebenfalls für die Beantwortung der Fragen, und versprechen Sie wiederzukommen, um die Grüne Dame zu treffen.

Dann richten Sie sich langsam am Baumstamm wieder auf. Sie drehen sich um, weil Sie wissen wollen, welchen Weg Hans im Grünen nimmt, aber er ist nicht mehr zu sehen. Gemächlich gehen Sie den Pfad zurück bis zur Wiese. Sie nehmen noch immer den Duft, die Geräusche und die Kühle des Waldes wahr. Wenn Sie aus dem Schatten heraustreten, werden Sie vom Licht geblendet, Sie spüren die angenehme Wärme der Sonne. Ganz langsam, in Gedanken noch bei allen Einzelheiten des eben Gehörten und Gefühlten, lösen Sie die Wiese auf, bis sie ganz verschwunden ist. Sie atmen zunächst ganz leicht, holen dann tiefer Luft, strecken die Arme aus und öffnen die Augen. Lassen Sie sich Zeit, um sich allmählich wieder auf den gewohnten Raum und die vertrauten Gegenstände zu konzentrieren.

Nach jeder Reise in diese »andere Welt«, auch nach einer so einfachen Übung wie der eben beschriebenen, sind drei Dinge zu erledigen. Erstens: Schreiben Sie immer sofort einen kurzen Bericht über Ihr Erlebnis, über die gestellten Fragen und gegebenenfalls über die erhaltenen Antworten. Denken Sie über das Zeichen nach, das Sie zum Andenken erhalten haben, selbst wenn es in der Welt des Wachbewußtseins nicht sichtbar ist. Es kann vorkommen, daß Sie sich ein wenig schwindelig fühlen. Essen Sie in diesem Fall eine Kleinigkeit, und trinken Sie etwas Warmes. Das war auch schon der zweite wichtige Punkt, den Sie nicht vergessen sollten. Als drittes nehmen Sie die Bilder und Erfahrungen der inneren Reise bewußt in Ihr Gedächtnis auf. Es lohnt sich, jeden Teil des Erlebten genau zu überdenken und zu untersuchen, ob dabei vielleicht irgendwelche Einflüsse aus der normalen Umwelt eine Rolle spielten. War es möglich, daß Geräusche aus der äußeren Welt durchgedrungen sind? Waren Sie sich aus irgendeinem Grund ständig des eigenen Körpers bewußt? Konnten Sie während des kurzen Spaziergangs alles klar und deutlich sehen, oder blieb es bei nebelhaft verschwommenen Wahrnehmungen, so daß Sie alles mehr gefühlt oder sich in der »Phantasie« vorgestellt haben? Hier könnten sich Aspekte des eigenen Unterbewußtseins bemerkbar machen, mit denen man sich auseinandersetzen muß. Die inneren Welten sind etwas ganz Reales, sie haben ihre Gesetze und ihre eigene Szenerie, hier gibt es Aktivitäten und Wettereinflüsse, genau wie in der Alltagswelt. In dem Maße, in dem es gelingt, die Realität jener »anderen Welt« wahrzunehmen, wird es möglich, mit der Naturmagie zu arbeiten.

Gehen Sie den beschriebenen Weg viele Male. Hans im Grünen ist nicht nur eine alte Sagenfigur, ein Waldgeist, er ist auch ein jüngerer Sohn des Pan, des Gottes der Vegetation und des Tierreichs, obwohl er gewöhnlich in der Gestalt eines alten Mannes erscheint. Sein Gesicht schaut uns immer wieder an, wenn wir die alten Kirchen und Kathedralen betrachten. Zur Erinnerung an das uralte Wissen über Pflanzen, Bäume und Kräuter hat man ihn unzählige Male dargestellt. Er ist ein Gärtner, der jede wildwachsende Pflanze und Frucht, jedes Kraut und jede Blume kennt. Vergewissern Sie sich stets, ob Sie alles richtig verstanden haben, was er Ihnen bei späteren Besuchen zeigt und erklärt. Ziehen Sie gute Bestimmungsbücher mit deutlichen Illustrationen zu Rate, wenn Sie nicht ganz sicher sind, auf welchen Baum oder welche Pflanze Sie gestoßen sind. Am sichersten ist es im allgemeinen, wenn man sich zu Beginn mit den bereits bekannten Küchenkräutern und deren Eigenschaften befaßt. Diese Kräuter sind keineswegs nur dazu da, unser Essen zu würzen.

Kräuter- und Pflanzenkunde

Sehen Sie einmal nach, welche Kräuter in Ihrem Garten wachsen. Wenn Sie keinen Garten besitzen, dann ziehen Sie im Balkonkasten oder auf dem Fensterbrett Minze, Thymian, Rosmarin, Basilikum, Schnittlauch, Beinwell, Mutterkraut, Zitronenmelisse und all die anderen Sorten. Viele kann man als Aufguß oder Tee, als Haarspülung oder als entspannenden, beruhigenden oder anregenden Badezusatz verwenden. Es gibt ausgezeichnete Bücher, aus denen man alles über die einheimischen Pflanzen erfahren kann. Überlegen Sie, ob Sie nicht einmal selbst Obstwein, Kompott und Marmelade zubereiten oder pikantes Gemüse in Essig einlegen wollen. Sie haben dann etwas Besonderes für die festlichen Anlässe im Jahresablauf.

Beim Sammeln wildwachsender Beeren und Kräuter achten Sie bitte darauf, keine seltenen oder geschützten Arten zu pflücken. Befolgen Sie die Anweisungen für das Trocknen und Aufbewahren der Kräuter sehr genau. Manche Sorten kann man genau zum richtigen Zeitpunkt ernten, putzen und einfrieren und hat dann den ganzen Winter über einen Vorrat. Andere zieht man besser in kleinen Töpfen im Zimmer oder in einem Gewächshaus, damit sie immer frisch zur Verfügung stehen.

Wenn Sie die Möglichkeit haben, einen Kurs oder ein Seminar zu besuchen, oder wenn Sie jemanden kennen, der Ihnen persönlich Hinweise zur Verwendung der Kräuter geben kann, so ist das wesentlich besser, als sich allein anhand eines Buches zu informieren, auch wenn die farbigen Abbildungen eine große Hilfe sind. Viele Kräuter haben große Ähnlichkeit miteinander, manche sind leicht mit einem Unkraut oder gar mit giftigen Pflanzen zu verwechseln. Vorsicht ist also geboten. Die alten Kräuterkundigen und die weisen Frauen sind früher mit den Wildpflanzen um sich herum aufgewachsen und lernten ihre

Anwendung und ihre magischen Kräfte von Kindheit an kennen. Wenn man erst als Erwachsener beginnt, sich mit diesem umfangreichen Fachgebiet zu beschäftigen, ist viel Geduld, Sorgfalt und Umsicht erforderlich, will man sich nicht selbst in Gefahr bringen.

In der Naturmagie werden pflanzliche Materialien auf vielfältige Weise gebraucht. Das duftende Holz des Apfelbaums, der Kiefer, der Kirsche und Lärche, Zedern- und Sandelholz können als Räucherwerk verwendet werden, ebenso die Harze bestimmter Obstbäume und besonders auch der Kiefer. Auch die getrockneten Stengel von Gewürzkräutern, wie Lavendel, Rosmarin, Thymian und Eberraute, entwickeln einen angenehmen Geruch, wenn man sie auf Holzkohle verbrennt. Experimentieren Sie selbst, aber geben Sie acht bei Pflanzen, die Sie nicht genau kennen. Manche können ganz eigenartige Wirkungen hervorrufen.

Es ist nicht möglich, Sie in einem Buch dieses Umfangs auch nur ansatzweise mit all den vielfältigen Möglichkeiten vertraut zu machen, wie Holz, Zweige, Blätter, Früchte, Blüten, Knospen, Wurzeln und Samen in der Magie einzusetzen sind. Ein großer Teil des uralten Wissens ist niemals schriftlich festgehalten worden. Die Erkenntnisse wurden nur innerhalb der Familien oder Sippen weitergegeben, die sich speziell mit der Pflanzenkunde beschäftigten. Doch die Intuition wird Ihnen zeigen, was Sie zur Heilung, als Badezusatz, zur Reinigung, als Arznei, für die Weissagung, als Gewürz oder zur Zubereitung eines Weins brauchen können. Für jede Pflanze und für jedes Kraut gibt es unendlich viele Verwendungsmöglichkeiten.

Aus dem Holz, der Rinde, den Wurzeln, Blättern und Blüten kann man Farbstoffe, Heil- und Nahrungsmittel gewinnen, Gewebefasern, Baumaterial und viele andere Dinge, die nützlich sind oder einfach Freude bereiten. Wir müssen diese seit Urzeiten genutzten Rohstoffquellen stets in Ehren halten und rücksichtsvoll behandeln. Wenn wir ein Stück Holz brauchen, dann sollten wir darauf achten, daß wir dem Baum keinen größeren Schaden zufügen. Wenn wir Früchte oder Blumen pflücken, dann dürfen wir nur soviel nehmen, wie wir eben brauchen, und müssen unsere Habgier im Zaum halten. Manchmal müssen wir uns tagelang sehr genau die Sträucher und Büsche in unserer Umgebung ansehen, ehe wir tatsächlich eine Wünschelrute oder einen Zauberstab von einem Haselstrauch oder Mandelbaum schneiden. Es ist notwendig, daß wir die Bäume gut kennen, damit wir den richtigen Ast für einen Spazierstock, einen sogenannten Knotenstock, finden. Wir müssen lernen, mit der Natur wie mit einer lebendigen Kraft umzugehen und sie nicht nur als Rohstofflieferanten zu sehen, den man nach Belieben ausbeutet und mißbraucht. Die sorgsam ausgewählte Wünschelrute und der mit Bedacht geschnittene Knotenstock werden uns viele Jahre dienen. Wir werden Freude daran haben, sie werden unsere Wünsche anzeigen oder unsere Wahrnehmungsfähigkeit bei der Suche nach Wasser oder Mineralien steigern.

Um mehr über die Verwendung bestimmter Bäume, Zweige, Hölzer und Pflanzen zu erfahren, brauchen Sie fachmännischen Rat. Einiges werden Sie aus Büchern entnehmen können, manches lernen Sie von Freunden, von erfahrenen Holzarbeitern, Gärtnern, Pflanzenkennern und Kräutersammlern. Man muß auch wissen, daß manche Erkenntnis tief aus uns selbst aufsteigen kann, wenn wir nur bereit sind, auf unser uraltes Erbe und die verschütteten Erinnerungen zu vertrauen, zu denen wir ohne weiteres wieder Zugang finden. Wenn wir uns in entspanntem aber achtsamem Zustand in diese inneren Welten vorwagen, können wir den alten Göttern und Göttinnen vergangener Zeiten begegnen, den Elementarwesen, die eng mit dem Leben der Berge und Wälder, der Quellen und des

Feuers verbunden sind. Wenn wir ganz behutsam in diese anderen Bereiche eindringen und alle, die wir dort treffen, als Freunde behandeln und sie um Hilfe, Führung und Bekanntgabe ihres Wissens bitten, werden wir unsere in dieser irdischen Welt gewonnenen Erfahrungen ergänzen und vervollständigen und auf diese Weise mehr über unser natürliches Erbe erfahren.

Wenn wir auf unserer innerer Reise den Weg durch die Wiesen zum heiligen Hain zurück nehmen, können wir noch einen Schritt weitergehen und erreichen dann eine neue Stufe. Das gelingt allerdings nur, nachdem wir den zuvor beschriebenen Weg bereits viele Male gegangen sind. Setzen Sie sich in ein ruhiges Zimmer, legen Sie Notizbuch und Stift bereit, sorgen Sie für gedämpftes Licht, zünden Sie etwas Räucherwerk an oder versprühen Sie einen Duft, wenn Sie glauben, dadurch leichter den Zustand des inneren Gleichgewichts zu erreichen. Geben Sie sich einige Minuten der Entspannung hin, versenken Sie sich vollkommen nach innen, atmen Sie leicht und tief, schließen Sie die Augen, und öffnen Sie sie erst im Innern wieder. Jetzt sehen Sie die innere Landschaft klar und deutlich vor sich.

Die Grüne Dame

Sie spüren die Hitze des Sommers, Sie riechen den Duft der warmen Erde und der grünen Blätter, Sie nehmen den leichten Wind wahr und die Berührung der langen Gräser, an denen Sie entlangstreifen. Gehen Sie ganz langsam über die Wiese, bis Sie in den schattigen Hain der heiligen Bäume kommen. Rufen Sie leise nach Hans im Grünen. Bitten Sie ihn, sein Versteck zu verlassen und Sie zu führen. Zeigen Sie ihm das Zeichen, das er Ihnen gegeben hat. Sie spüren und sehen es wieder in Ihrer Hand. Lauschen Sie den Bäumen und den Stimmen der Vögel, dem Summen der Insekten und dem Wind im Laub. Seien Sie ganz still, und warten Sie, bis Hans im Grünen herauskommt und sich zeigt. Sagen Sie ihm deutlich, daß Sie die Grüne Dame treffen wollen. Hören Sie, was er Ihnen zu sagen hat, und tun Sie, was er sagt. Folgen Sie ihm zwischen den hohen Stämmen hindurch, durchs grüne Unterholz, durch die duftenden Büsche und die Kletterpflanzen. Gehen Sie leise durch den heiligen Hain. Achten Sie darauf, daß Sie weder in Gedanken noch in Taten irgendeinen Schaden anrichten.

Sie bemerken plötzlich, daß es dämmrig geworden ist und die Baumstämme nun dichter beieinander stehen. Die Blätter bilden ein dunkelgrünes Dach über Ihrem Kopf. Sie erkennen die blassen Blüten des süß duftenden Geißblattes und die glänzenden roten Beeren, die die dunkelgrünen Stechpalmenbüsche tragen, obwohl es Sommer ist. Drängen Sie vorwärts, bahnen Sie sich einen Weg durch das Laub und die Zweige hinein in die geschützte, von der Außenwelt abgeschiedene Lichtung im Innern. Sie freuen sich, daß einzelne Sonnenstrahlen das schattige Dunkel durchdringen. Obwohl es hier zunächst nicht sehr hell ist, bemerken Sie eine sitzende Gestalt. Ihr Gesicht können Sie noch nicht erkennen. Ihre Aufmerksamkeit wird von den Tieren und Vögeln in Anspruch genommen, die plötzlich überall um Sie herum auftauchen. Auf einem umgestürzten Baumstamm sitzt eine wunderschöne Frau. Ihr Gesicht ist hinter ihrem langen goldenen Haar verborgen. Zu ihren Füßen liegt ein Rehkitz, Kaninchen, scheue Dachse, Füchse und Hasen sitzen ohne jede Angst um sie herum. Sie bewegen sich vorsichtig etwas näher heran, und obwohl sich Ihnen viele Augenpaare zuwenden und die scheuen Wildtiere bei Ihrem Anblick vor Schreck erstarren, ergreift keines die Flucht. Beim Näherkommen sehen Sie, daß die Dame einen weiten grünen Umhang trägt. Das

Kleid darunter besteht aus Blüten, am Saum sind sie dunkel, gegen den blassen Hals werden sie immer heller. Sie verbeugen sich tief, denn Sie wissen, es ist eine Göttin, es ist die Erdenmutter, es ist Gaia.

Vielleicht spricht sie freundlich zu Ihnen und fragt, was Sie wollen, vielleicht teilt sie Ihnen mit, auf welche Weise Sie von Nutzen sein können, wie Sie helfen können, die Wüste wieder mit Leben zu erfüllen (das bezieht sich sowohl auf das öde Land als auch auf die Leere im Innern der Menschen). Ihre Stimme ist weich, ihre Sprache erinnert an den fröhlichen Klang eines Reigens. Doch die Augen, die Sie unter dem vollen glänzenden Haar hervor anblicken, sind die einer erfahrenen und weisen Frau.

Sie lassen sich zu ihren Füßen nieder und schauen zu ihr auf. Sie versuchen zu begreifen, wer sie ist, was sie tun kann, wie Sie selbst helfen können. Die Zeit vergeht in Schweigen oder in ruhigem Gespräch. Plötzlich ertönt der schrille Warnruf einer Amsel, und ohne Zögern fliehen die Wildtiere. Die Vögel in den Wipfeln der Bäume steigen auf und warnen ebenfalls. Als Sie wieder hinschauen, ist die Grüne Dame verschwunden. Am Boden vor Ihren Füßen liegt eine helle Feder. Sie wissen, das ist ein weiteres Zeichen, das Ihnen helfen wird, die Grüne Dame eines Tages wiederzufinden. Sie kann Ihnen etwas von ihrem Wissen vermitteln, und Sie legen das Gelöbnis ab, ihr zu dienen. Sie ist die Göttin der Grünen Magie, sie ist die Große Alte, die Herrscherin der Wildnis, sie ist Mutter Natur. Sie selbst sind ein Kind der Erde, also sind Sie auch ihr Kind.

Nun drehen Sie sich um und gehen den Weg zurück, den Sie gekommen sind. Hans im Grünen wird wieder Ihr Führer sein und Sie geleiten, bis Sie den Wald verlassen und die Blumenwiese durchquert haben und sicher im eigenen Haus ankommen. Atmen Sie langsam und gleichmäßig, dann öffnen Sie die Augen. Rufen Sie sich noch einmal ins Gedächtnis, was Sie gesehen und gehört haben.

Die heiligen Wasser

Das Salz der Erde soll das Wasser ermahnen, die Tugend der Großen Seele zu tragen. – Mutter, sei du angebetet.
Aleister Crowley: Magick Band II

Viele der alten Völker ordneten alles Sichtbare in ein Schema aus vier oder fünf Elementen. In der westlichen Welt waren das zumeist Erde, Wasser, Feuer und Luft. Als fünftes Element kam Geist oder Äther hinzu, darunter verstand man die Quintessenz der anderen Elemente. Für die einfacheren magischen Praktiken genügt es, daß wir uns mit den ersten vier beschäftigen.

Jedes dieser Elemente spielt im Leben des Menschen eine bestimmte Rolle, das gilt für uns heute genauso wie einst für unsere Vorfahren. Es stimmt zwar, daß wir in unserer Zeit kaum mehr vom offenen Feuer abhängig sind, um zu heizen, zu kochen oder unsere Wohnung zu beleuchten. Allerdings brauchen wir noch immer elektrische Energie, und diese wiederum wird stets auf irgendeine Weise mit Hilfe des Feuers gewonnen, sei es, daß man Kohle oder Öl verbrennt oder die bei einer Kernreaktion entstehende Hitze nutzt.

Wie jedes Lebewesen, jede Pflanze und jeder Fisch braucht auch der Mensch Luft zum Atmen. Die Erde unter unseren Füßen ist nicht nur das Fundament für die Existenz auf der Reise durch den Raum, sie liefert auch die Rohstoffe, aus denen letzten Endes alles besteht, unsere Nahrung, unsere Häuser, unsere Kleidung, jeder materielle Besitz.

Auch das Wasser ist ein Element, das alle Lebewesen in irgendeiner Form brauchen. Wassermangel infolge ausbleibenden Regens zerstört wahrscheinlich mehr Leben als alle anderen Naturgewalten. Der Mensch selbst besteht zum großen Teil aus Wasser. Es fließt in unserem Blut, es sorgt für die Beweglichkeit der Gelenke, es ist in den Tränen, im Speichel und in den Drüsensekreten enthalten. Aufgrund des Wassergehalts seines Körpers ist auch der Mensch bis zu einem gewissen Grad den Gezeiten unterworfen, natürlich in weit geringerem Ausmaß als die großen Wasseransammlungen. Die Wirkung, die der Mond auf die Weltmeere hat, spiegelt sich im kleinen Maßstab in den menschlichen Stimmungen und Emotionen, denn das Wasser ist das Element, das unsere tiefsten Gefühle steuert. Wer in der Nähe des Wassers, etwa im Einzugsbereich einer den Gezeiten unterworfenen Flußmündung oder Meeresbucht, lebt, wird ganz tief in sich immer um den Stand der Gezeiten wissen und instinktiv Ebbe und Flut spüren. Doch auch bei Menschen, die im Landesinneren wohnen, machen sich häufig Zeiten der Ruhe und Perioden der Rastlosigkeit bemerkbar, die eine Reaktion auf die gewaltigen Kräfte sind, die aus der äußeren Welt auf den Menschen einwirken.

Wie die Gravitation des Mondes Tag für Tag ein Ansteigen und Zurückgehen der Fluten bewirkt, so beeinflußt die Kraft des zu- und abnehmenden Mondes auch den Menschen. Das gilt besonders für die inneren Ebenen, über die wir keine bewußte Kontrolle haben. Die Struktur unserer Träume wird von den Mondphasen bestimmt, und auch emotionale Höhen und Tiefen können davon beeinträchtigt werden. In manchen Kliniken berücksichtigt man, daß sich zur Zeit des Vollmonds die Krankheitssymptome geistig-seelisch gestörter Patienten stärker bemerkbar machen und in den Intensivstationen damit zu rechnen ist, daß nach Operationen stärkere Blutungen auftreten.

Laut Statistik steigt bei Vollmond auch die Zahl der Selbstmorde. Wir sollten uns also darüber im klaren sein, welche elementare Wirkung der oft wenig beachtete Erdtrabant auf uns hat. Versuchen Sie zu erkennen, auf welche Weise Sie selbst vom Mond, dem hoch am Himmel sichtbaren Herrscher der Gezeiten, beeinflußt werden.

Heilige Quellen

Quellen und Brunnen aller Art waren den Menschen früher heilig. In vielen alten Kulturen glaubte man, daß das Leben aus dem Meer hervorgegangen sei. Es gibt noch heute eine wissenschaftliche Theorie, nach der die Evolution im Wasser ihren Anfang genommen hat. Flüsse und Seen, Brunnen und heiße Quellen galten schon immer als Stätten der Heilung, der Magie oder der Gnade. Nicht nur auf den Britischen Inseln, sondern auch in großen Teilen Europas war der Glaube weit verbreitet, daß jede Quelle unter dem Schutz eines besonderen Wächters oder einer Wassernymphe steht. In späteren Zeiten wurden die heidnischen Figuren oft durch Heilige ersetzt.

Betrachten Sie einmal die Landkarte und achten Sie auf die Ortsnamen. Bei der Gründung einer jeden Stadt, eines jeden Dorfes, einer jeden noch so kleinen Ansiedlung, mußte eine Trinkwasserquelle für die Menschen und für das Vieh vorhanden sein. Die ältesten Städte sind an Flüssen oder Binnenseen entstanden. Die Ortsnamen lassen oft noch heute die ursprüngliche Verbindung zum Wasser erkennen. In diese Kategorie gehören alle Ortsnamen auf -ach, -bach, -furt, -deich, -born, -brunnen, -bronn oder -weiher und natürlich Orte, die direkt mit einem Flußnamen verbunden sind, etwa Donauwörth, Rheinfelden oder Neckarsulm. Es gibt solche Ortsnamen in allen Sprachen, angefangen bei den lateinischen Bezeichnungen, zum Beispiel *Aquae Sulis* für Bath in Südengland, oder einfach *Aquae*, das sowohl der Name für das heutige Baden-Baden als auch für Aachen war, über keltische, angelsächsische und normannische Elemente, die ganz unmerklich in noch immer gebräuchliche Ortsbezeichnungen eingegangen sind.

Die meisten öffentlichen Brunnen und Quellen galten als heilig und standen fast immer unter dem Schutz einer bestimmten Göttin. In der keltischen Sage hieß sie Bride oder Brid. Daraus wurde unter dem Einfluß des Christentums St. Brigit, die heilige Brigitte. Es gibt noch heute viele hundert heilige Quellen, aus denen sauberes, klares Mineralwasser sprudelt. Manche sind weithin bekannt und werden, wie das Malvernwasser in England oder das Selterswasser in Deutschland, ganz selbstverständlich anstatt Leitungswasser getrunken. Die Zahl der anerkannten Thermal- und Heilquellen wächst ständig. Man nutzt sie nicht nur für medizinische Badekuren, auch die Zahl der Verbraucher steigt, die Wert auf ein Wasser legen, wie es von Natur aus sein sollte, und die deshalb ein Mineral- oder Heilwasser der wiederaufbereiteten, gechlorten und chemisch behandelten Flüssigkeit vorziehen, die aus dem Wasserhahn kommt. Oft versucht man auch, durch Wasserfilter den unnatürlichen Geschmack und die Härte des Leitungswassers zu beseitigen, deren Auswirkungen wir an den Ablagerungen im Wasserkessel und an den Rohren erkennen. Allmählich beginnen die Behörden zu handeln. Man will verhindern, daß weiterhin Nitrate aus Düngemitteln ins Trinkwasser sickern oder andere Abfallstoffe die Flüsse verunreinigen, aus denen noch heute viele Städte und Gemeinden ihr Wasser mit Hilfe einfacher Klär- und Filteranlagen gewinnen.

Für uns ist es selbstverständlich, daß Wasser jederzeit trinkbar ist und daß es in beliebiger Menge zur Verfügung steht, zum Baden, Waschen und Putzen, doch in großen

Teilen der Welt ist Wasser knapp und von zweifelhafter Qualität. Deshalb gilt für diesen wie für alle anderen natürlichen Rohstoffe, daß wir mit der Verschwendung aufhören müssen. Es ist nicht nur erforderlich, daß wir auf sparsamen Verbrauch achten, sondern auch darauf, daß in unserem Haushalt im Laufe der Monate nicht viele Liter durch undichte Rohre oder tropfende Wasserhähne ungenutzt abfließen.

Seit frühester Zeit galten nicht nur die Wasserstellen als etwas Heiliges. In vielen Religionen und Überlieferungen wird auch das Wasser selbst zur Reinigung und Segnung gebraucht. In der katholischen Messe ist es üblich, daß der Priester Weihwasser über die Gläubigen versprengt. Auch die Taufe der Kinder wird mit Wasser vorgenommen. In manchen Religionen sind bestimmte Waschungen vorgeschrieben. Das gilt beispielsweise für den strenggläubigen Moslem bei den fünf täglichen Gebeten. In Indien heißt es, daß ein Bad im heiligen Ganges jeden reinigt und läutert, der diesen Ritus vollzieht.

In den christlichen Religionsgemeinschaften erfolgt die Taufe der Kinder meist durch Besprengen mit Wasser und die Taufe der Erwachsenen durch das völlige Untertauchen. Dies ist ein Symbol für die Reinigung, für das Wegwaschen der Sünde, wodurch der Mensch in den Stand versetzt wird, sich einem neuen Leben in Christus zu weihen. Bei der christlichen Taufzeremonie erhält das Kind auch seinen Namen und wird in die Kirche aufgenommen. Bei vielen Festen der Religionen des östlichen Kulturkreises spielt das Versprengen von Wasser ebenfalls eine Rolle. Es soll in Zeiten der Trockenheit auf magische Weise helfen, daß sich Regen einstellt. Bei den Indianern Nordamerikas gibt es Regentänze, auch beim Moriskentanz versuchen die Männer, das Wetter zu beeinflussen, indem sie hochspringen und weiße Tücher schwenken, die die vorüberziehenden Wolken darstellen.

Weihe und Wandlung

Das Wasser wird nicht nur von den Kirchen verwendet, sondern auch bei vielen heidnischen Zeremonien. Man fügt in diesen Fällen dem Wasser etwas Steinsalz zu, wie es zu Beginn dieses Kapitels im Zitat aus der gnostischen Messe beschrieben ist: Erde in Form von Steinsalz (eine andere Art Salz gewinnt man aus dem Meer, es enthält also bereits das Element Wasser) wird mit Wasser vermischt, und damit wird der Priester des Rituals gesegnet. In modernen Hexenzeremonien weiht man das Wasser auf ähnliche Weise und versprengt es um den Kreis herum. Damit errichtet man für die Dauer des Rituals einen heiligen Ort. Meist wird das Wasser vom handelnden Priester oder der Priesterin im Verlauf einer Zeremonie geweiht und mit dem Zweig einer heiligen oder magischen Pflanze (etwa Gartenraute, Rosmarin, Eberesche oder Lorbeerbaum) über die Gemeinde oder die Teilnehmer versprengt. Das ist eine der ersten magischen Weihehandlungen, die vielleicht jeder gern lernen will.

Um Wasser zu weihen, füllen Sie eine Schale zur Hälfte mit Quellwasser (es genügt Mineralwasser aus der Flasche) oder mit Regenwasser, das immer noch besser ist als Leitungswasser, wenn man es nicht gerade trinken will. Holen Sie tief Atem, weisen Sie mit den beiden ersten Fingern der rechten Hand auf das Wasser und sprechen Sie dabei:

> Herrin des lebendigen Wassers,
> segne dein Symbol, vertreibe daraus alles Unreine,
> auf daß es rein und zu einer Quelle der Kraft wird.
> So sei es.

Dieses Wasser können Sie dann dazu verwenden, andere Dinge zu weihen. Sie versprengen es über dem Gegenstand und sagen dabei wieder eine ähnliche Formel:

Herrin (oder Herr) des ...,
segne dieses Werkzeug des ...,
mach es rein und erfülle es mit deiner magischen Kraft.
So sei es.

Nachdem der betreffende Gegenstand durch das Wasser gereinigt und geweiht ist, könne Sie wieder eine ähnliche Formel sprechen und den Herrn des Feuers, die Erdenmutter oder den Herrn der Luft anrufen, um etwa eine Kerze dem Feuer, Salz oder Erdsubstanz dem Element Erde, Weihrauch und anderes Räucherwerk dem Element Luft zu verbinden.

Sollten Sie sich bereits mit dem Namen anderer Götter und Göttinnen oder mit den Erzengeln beschäftigt haben, können Sie auch diese anrufen. Namen, die Sie nicht verstehen, sollten Sie allerdings nie gebrauchen. Es ist im Grunde nichts dagegen einzuwenden, die Worte und Rituale einem Buch zu entnehmen. Doch wenn man nicht weiß, welche Kraft man überhaupt anruft, hat man keine Vorstellung davon, welche Reaktionen möglicherweise in Gang gesetzt werden. Es ist sehr wichtig, diesen Punkt zu beachten. Wenn Sie also daran denken, Gebete, Rituale oder Zaubersprüche zu verwenden, die Ihnen unbekannte Begriffe enthalten, müssen Sie jedes Wort ganz genau untersuchen und verstehen, sonst könnten Sie Schwierigkeiten heraufbeschwören.

Es ist daher immer wesentlich sicherer, eine Anrufung mit den Worten zu beginnen: »Herrin des Wassers«, »Herr des Feuers«, »Geist der Heilung«, also direkt die Kraft anzusprechen, die man wirklich braucht. Nur so entsteht keine Unklarheit im Denken und keine Verwirrung, weil man vielleicht ungewollt eine uralte Kraft anruft, die nun eine Aufgabe erfüllen soll, die normalerweise nicht zu ihrem Wirkungskreis gehört. Selbst wenn Sie zu wissen glauben, was ein bestimmter Name bedeutet, oder wenn es sich vielleicht um einen Namen mit lokalem Bezug handelt: Solange Sie nicht mit absoluter Sicherheit wissen, welche Kraft Sie anrufen, ist es besser, eine Formel zu gebrauchen, die der Situation sachlich exakt entspricht. Die meisten Namen der klassischen Götter und Göttinnen sind im Grunde Titel oder »Berufsbezeichnungen«, wie man heute sagen würde. Was also im Moment wie eine gute Idee erscheint, kann unter Umständen bedeuten, daß man sich an eine Gottheit wendet, die zu traurigem Ruhm kam, weil sie ihre Kinder vernichtet hat und ein ziemliches Ungeheuer ist, keineswegs aber die gütige Mondgöttin, für die man sie hielt.

Segnen Sie sich selbst...

Sie können das Wasser dazu gebrauchen, sich selbst auf vielfältige Weise zu reinigen und einem bestimmten Zweck zu weihen. Die erste und naheliegende Methode ist das rituelle Bad. Als Badezusatz eignen sich verschiedene Kräuter. Das ist zugleich eine der einfachsten und sichersten Anwendungsmöglichkeiten für Kräuter, wenn man einmal von ihrer Rolle in der Küche absieht. Binden Sie einige Zweige Zitronenmelisse, Rosmarin, Lavendel oder Minze in ein dünnes Baumwolltuch und lassen Sie das heiße Wasser darüberlaufen. Sie werden nicht nur sauber, sondern auch erfrischt oder entspannt aus der Wanne steigen, je nach der Wirkung des gewählten Badezusatzes. Zerdrücken Sie die Blätter und Stengel ein wenig, dann wird etwas von den ätherischen Ölen frei, die den Pflanzen ihren typischen Duft geben. Ein meditatives Bad kann besonders nützlich sein, wenn es Ihnen sonst kaum gelingt, sich von der Familie oder anderen Verpflichtungen freizumachen. Mancher darf wenigstens im Badezimmer wohlriechende Essenzen verwenden, obwohl die anderen Familienmitglieder gegen den Geruch von Räucherwerk in den übrigen Räumen protestieren. Ein Bad bei Kerzenschein besitzt durchaus seinen magischen Reiz.

Besprengen Sie sich zu Beginn einer Meditation oder inneren Reise mit dem geweihten Wasser. Es ist eine Möglichkeit, Ihrem inneren Selbst mitzuteilen, daß Sie im Begriff sind, den alltäglichen Bereich zu verlassen, um sich einer besonderen Aufgabe zu widmen. Zu diesem Zweck stellen Sie eine Schale mit Wasser bereit und segnen es mit ähnlichen Worten wie zuvor beschrieben. Sie können natürlich auch eigene Worte finden. Hier gilt wieder, daß Sie nie den Namen einer Gottheit gebrauchen dürfen, wenn Sie nicht vollkommen sicher sind, daß er völlig mit Ihrer Absicht übereinstimmt. Sprengen Sie mit der Hand oder mit einem Zweig ein wenig Wasser über Ihren Kopf und sprechen Sie dabei:

> Herrin, segne mich und öffne mir sanft den Weg zum Verstehen,
> damit ich mich beim Eintritt in die inneren Bereiche nicht fürchte,
> und von allen, die ich dort treffe,
> Hilfe und Sicherheit erhalte. – So sei es.

Das ist nur eine Anregung, vielleicht ziehen Sie andere Worte vor. Es ist stets sicherer und wirksamer, wenn man Gebete, Segnungen, Weihesprüche und andere Texte selbst formuliert, weil sich die eigenen Anliegen immer von den Intentionen aller anderen Menschen unterscheiden, so daß allgemein gehaltene Formeln unter Umständen nicht genau passen. Wie bei allen magischen Künsten, so entwickeln sich auch hier die passenden Formen solcher kurzen Invokationen in der Praxis, das gilt auch für andere Meditationstechniken und innere Reisen.

Sie können auch den Kreis rund um sich herum segnen, indem Sie gleich zu Beginn der Sitzung etwas Wasser im Uhrzeigersinn und am Ende in entgegengesetzter Richtung versprengen, um die Kraft wieder zurückzuziehen und den Vorgang abzuschließen. Dieses Zurückziehen ist ein wichtiger Bestandteil aller magischen Praktiken, denn wenn man es versäumt, läßt man den Zugang zur eigenen Psyche, dem sensitiven Teil des Unterbewußtseins, weit offen und bleibt daher allen Einflüssen ausgesetzt. Vordergründig kann es bedeuten, daß man für jede Art von Werbung empfänglich wird und Dinge kauft, die man überhaupt nicht braucht. Auf höherer Ebene ist es möglich, daß man die Gedanken und Probleme, die Verzweiflung und die Nöte anderer Menschen aufnimmt, für die man normalerweise unzugänglich ist.

Wenn es praktisch nicht durchführbar ist, den Kreis um den Meditationsort zu beschreiben, versprengt man das Wasser in die vier Himmelsrichtungen, und zwar in der Reihenfolge Osten, Süden, Westen und Norden, und visualisiert dabei, daß sich dort jeweils ein Schutzengel oder eines der mächtigen Elementarwesen des entsprechenden Elements befindet. Diese Wesen sind etwas sehr Reales.

Man darf sie keineswegs ignorieren und einfach durch sie hindurchgehen oder gar vergessen, ihnen am Ende eines jeden Vorgangs zu danken. Nur weil wir sie vielleicht zu Beginn der Beschäftigung mit diesen Dingen nicht sehen können, bedeutet das nicht, daß sie uns nicht den Schutz und die Ruhe vermitteln, um die wir gebeten haben! Wir müssen bei allen magischen Unternehmungen stets höflich und verantwortungsbewußt bleiben und die Achtung der Wesen gewinnen, mit denen wir es zu tun haben. Echte magische Kraft entsteht, indem man mit diesen Wesen zusammenarbeitet, die so viel mächtiger, älter und weiser sind als wir selbst, nicht indem man sie auffordert, den eigenen Anforderungen zu folgen.

Wenn Sie allmählich eine Reihe von magischen Gebrauchsgegenständen gesammelt haben, etwa Schalen zur Aufbewahrung der Symbole für die vier Elemente, ist es erforderlich, sie zu reinigen und dann jedes einzelne Objekt seiner speziellen, magischen Bestimmung zu weihen. Das sollten Sie auch mit Ihrem Meditationsgewand, den Altartüchern oder -decken, den Kristallkugeln und -spiegeln, den Tarotkarten und so weiter tun. Dadurch erhält jeder Gegenstand seine besondere Bedeutung und muß gesondert verwahrt werden. Es ist ideal, wenn man diese Utensilien in einen kleinen Schrank oder in einen anderen Behälter schließen kann, um sie vor neugierigen Augen und Händen zu schützen, die die Wirkung des Weiherituals aufheben. Die Versuchung ist groß, allen Freunden die Gewänder und Geräte vorzuführen, weil man glaubt, das könnte dazu beitragen, sie von der Bedeutung unserer Beschäftigung mit der Magie zu überzeugen. Leider hat das fast immer eine eher gegenteilige Reaktion zur Folge. Hielt man Sie schon zuvor für ein wenig überspannt, so sinkt Ihr Ansehen in den Augen der anderen noch mehr, wenn Sie Ihr Gewand vorführen, die Schalen für das Wasser und das Räucherwerk oder den besonderen Stein zeigen, der für Sie das Symbol der Erde ist. Der Zauber, den diese Gegenstände entwickelt haben, wird sich verlieren. Es bleibt Ihnen dann nichts anderes übrig, als wieder von vorn zu beginnen, jeden Gegenstand noch einmal zu weihen und auch sich selbst aufs neue zu segnen. Das wird Ihnen eine Lehre sein, in Zukunft stets verschwiegen und diskret zu bleiben.

Verschwiegenheit und Diskretion spielen in der Magie eine große Rolle. Wenn Sie niemals über Ihre Studien sprechen, wenn Sie Ihr Meditationsgewand, das Tagebuch und alles, was Sie sonst für diese Arbeit brauchen, stets gut verwahren, dann werden diese Dinge mit der Zeit eine starke magische Aura entwickeln. Das wiederum wird Ihnen helfen, die Ebene der inneren Wahrnehmung zu erreichen. Ihre Meditation und inneren Reisen werden klarer, Ihre Zaubersprüche und magischen Handlungen entfalten eine größere Wirkung.

Die meisten Menschen haben das Bedürfnis, ihre magische Arbeit, die Rituale und Feste mit anderen zu teilen. Diese »anderen« werden sich einstellen, besondern wenn wir die Naturgottheiten darum bitten, uns so zu führen, daß wir ihnen begegnen. Wir müssen aber auch selbst etwas unternehmen. Man darf nicht einfach auf der Bank vorm Haus sitzenbleiben und erwarten, daß auf die erste Bitte hin sofort eine Hexe oder ein Eingeweihter auftaucht! Informieren Sie sich über die örtlichen Clubs und Vereine, hinterlassen Sie eine diskrete Mitteilung am Schwarzen Brett im Reformhaus, halten Sie sich des öfteren in Buchhandlungen auf, die esoterische Literatur führen, und sehen Sie, wen Sie dort treffen. Lesen Sie entsprechende überregionale Zeitschriften und suchen Sie dort nach Adressen von Gemeinschaften, Instituten oder Zentren, die Vorträge, Gruppen und Seminare anbieten, wo Sie auf Gleichgesinnte treffen können. Bevor Sie zu solchen Zusammenkünften gehen, bitten Sie stets um Schutz vor allen, die Sie verletzen wollen, und um die Begegnung mit Menschen, die besonders hilfreich für Sie sind. Nach dem Treffen nehmen Sie ein magisches Bad, um die fremden Energien abzuwaschen, die Sie möglicherweise aufgenommen haben. Danken Sie auch für den Keim künftiger Freundschaft, der vielleicht gelegt wurde. In den meisten Fällen hat man nicht sofort Erfolg, also üben Sie sich in Geduld, und gebrauchen Sie Ihren gesunden Menschenverstand, besonders dann, wenn Ihnen jemand bereits bei der ersten Begegnung Initiation und Zugang zu höheren Erkenntnissen verspricht.

Vielleicht können Sie den alten Göttern auch dadurch dienen, daß Sie herausfinden, wo es in Ihrer nächsten Umgebung eine Quelle gibt. Selbst in Großstädten findet man Straßen, deren Bezeichnung auf eine Verbindung zum Wasser hinweist (Brunnengasse, Weihermatten, Tränkestraße, Im Ried und dergleichen). Gute topographische Karten zeigen die Quellen, Brunnen, Rinnsale und kleinen Gewässer in Ihrem näheren Umkreis. Vielleicht finden Sie in der Stadtbibliothek solche Karten, die Sie sich einmal anschauen können. Eventuell gibt es dort auch noch alte Stadtführer oder Ortsbeschreibungen, die Einzelheiten enthalten, die heute nicht mehr zu sehen sind, etwa Tränken für Kutschpferde, die von einer Quelle gespeist wurden. Wenn Sie in einem alten Haus wohnen, hat es möglicherweise noch seinen eigenen Brunnen, oder es gibt in der Nähe eine Quelle, die gemeinsam von mehreren Anwesen genutzt wird. Auch in solchen Fällen können alte Landkarten und Stadtpläne weiterhelfen und vergessene Aspekte wieder in Erinnerung bringen. Die Namen von Feldstücken, Gehölzen, Gemarkungen und Bauernhöfen geben ebenfalls oft Hinweise. Suchen Sie nach solchen Bezeichnungen, die auf heidnische Kultstätten oder magische Orte hindeuten.

Der Gebrauch der Wünschelrute und des Pendels

Es lohnt sich, auch die alte Kunst des Wünschelrutengehens zu erlernen. Sie brauchen dazu einen Haselnuß- oder Weidenzweig, der ungefähr die Form eines Ypsilons (Y) hat. Dieser Zweig soll etwa so lang sein wie ein Unterarm und an der stärksten Stelle daumendick. Hacken Sie aber nicht an dem Haselstrauch oder an der Weide herum.

Nehmen Sie eine scharfe Baumschere, und leisten Sie saubere Arbeit. Das ist dem Baum gegenüber wesentlich freundlicher, als die Rute mit einem magischen Messer abzusäbeln, das vielleicht ziemlich stumpf ist, weil man es auch für die traditionellen Zeremonien verwendet. Suchen Sie den Zweig vorher gut aus, und schneiden Sie jeweils nur eine Rute.

Entfernen Sie sorgfältig alle Nebenäste. Achten Sie besonders darauf, daß die beiden Enden des Y schön glatt sind, denn an diesen Stellen wird die Rute in den Händen gehalten. Nach der alten Tradition ergreifen Sie die Rute mit beiden Händen, die Innenflächen sind dabei nach oben gerichtet, die Daumen zeigen nach außen. Die Handstellung erinnert an eine Opfergebärde. Halten Sie die Rute ruhig im Gleichgewicht, die kurze Seite des Y zeigt nach vorn, die beiden Enden der längeren Äste liegen quer über dem Fingeransatz und zwischen Daumen und Zeigefinger. Umfassen Sie die Rute leicht mit den Fingern, so daß eine gewisse Spannung entsteht und sie sich ein wenig weiter auseinanderspreizt. Ihre Ellbogen berühren die Rippen. Der kurze Teil der Rute zeigt jetzt nach oben. Wenn Sie in dieser Haltung umhergehen und sich zugleich auf die Idee »Wasser« konzentrieren, werden Sie gewöhnlich nach einiger Zeit bemerken, daß sich die Rute jedesmal in Ihren Händen bewegt und die Spitze scharf nach unten zieht, wenn Sie einen Wasserlauf oder ein unterirdisches Wasserrohr kreuzen. Diese Methode erfordert eine gewisse Fertigkeit, doch mit etwas Übung ist sie in neun von zehn Fällen zu erlernen. Man braucht nur genügend Ausdauer und darf nicht sofort aufgeben.

Manchmal wird das Pendel der Wünschelrute vorgezogen, weil es flexibler, kleiner und einfacher zu handhaben ist. Auch beim Pendeln handelt es sich um eine uralte magische Technik, die es wert ist, daß man sich damit beschäftigt. Man kann mit ihrer Hilfe Gegenstände wiederfinden, die man im Haus verlegt hat, man kann aber auch das gestohlene Auto aufspüren (wenn man schon so dumm war und versäumt hat, es mit einem schützenden Zauber zu belegen). Selbst eine streunende Katze kann man mit Hilfe eines Pendels wieder heimholen. Zu diesem Zweck wird das Pendel über eine Landkarte gehalten. Nachdem man die Richtung des Ausschlages für »Ja« und »Nein« festgelegt hat, stellt man solange Fragen und kreist eine Stelle immer enger ein, bis man schließlich das gesuchte Objekt gefunden hat.

Das Pendel eignet sich auch, um Energiefelder von Menschen, Orten und Gegenständen wahrzunehmen, um Nahrungsmittel oder Heilmittel nacheinander auf ihre verschiedenen Inhaltsstoffe hin zu untersuchen und festzustellen, ob sie besonders nützlich sind oder ob sie Schaden und vielleicht allergische Reaktionen hervorrufen. Im Gelände kann man mit Hilfe des Pendels feststellen, wo sich unterirdische Rohre und Leitungen für die Wasser-, Gas- und Stromversorgung befinden. Auch Mineralien, Steine oder natürliche Energiequellen im Garten und auf dem Feld lassen sich auf diese Weise feststellen. Achten Sie einmal darauf, wie Tiere »pendeln«! Ehe sie sich nämlich an einer bestimmten Stelle niederlassen, suchen selbst die genügsamen Schafe und Kühe den Platz mit Sorgfalt aus, um sich am Energiestrom der Natur mit neuer Kraft aufzuladen oder erholsame Ruhe zu finden. Das gleiche kann man bei Hunden und Katzen beobachten. Wenn sie Gelegenheit dazu haben, suchen sie sich immer wieder einmal ein anderes interessantes Plätzchen im Haus, je nach der augenblicklichen Stimmung. Pendeln Sie einmal eine solche Stelle aus, und versuchen Sie zu entdecken, was das Tier dorthin zieht. Es könnte sein, daß es sich durchaus nicht nur um eine so vordergründige Tatsache wie Wärme oder Kühle handelt. Stellen Sie mental entsprechende Fragen, und geben Sie dem Pendel die Möglichkeit, seine

Meinung auszudrücken. Die Funktion des Pendels und der Wünschelrute beruht auf der Fähigkeit des Menschen, verschiedene Energiefelder wahrzunehmen. Leider ist diese Gabe bei den meisten nur noch schwach ausgeprägt. Wir brauchen daher eine Art Instrument oder Verstärker, und genau das sind im Grunde Wünschelrute und Pendel. Im allgemeinen dauert es nicht sehr lange, bis man damit umgehen kann und diese uralte, heute kaum noch beachtete Technik beherrscht. Ebenso wie die Meditation, wie der Eintritt in die »andere Welt« durch innere Reisen oder wie die Entwicklung der Fähigkeit, den Schmerz und die Bedürfnisse anderer Menschen wahrzunehmen, ist das Pendeln ganz einfach.

Die Schwierigkeit beim Wiedererlernen der alten Künste und Fertigkeiten besteht im grundsätzlichen Akzeptieren der Tatsache, daß wir das dazu erforderliche Talent oder Geschick besitzen. Die meisten Menschen hält nur der Gedanke »Ich kann nicht« davon ab, ihre angeborenen Fähigkeiten zu nutzen. Ich lehre seit vielen Jahren verschiedene magische Techniken. Schon viele Schüler haben mir gesagt: »Ich kann nicht meditieren«, »Ich kann die Tarotkarten nicht deuten.« Sie verwechseln dabei Wissen und Können mit praktischer Erfahrung. Es ist durchaus möglich, daß jemand nicht über die nötige Erfahrung verfügt, um den meditativen Zustand zu erreichen oder die Tarotkarten zu deuten, doch es ist ihm nicht unmöglich, wenn er es nach entsprechender Anleitung versucht. Man sollte also den Satz »Ich kann nicht« besser durch »Ich will es versuchen« ersetzen. Eine andere Möglichkeit wäre, einfach das Wort »noch« hinzuzufügen und zu sagen: »Ich kann die Tarotkarten *noch* nicht deuten.«

Für den Umgang mit Pendel und Wünschelrute gilt dasselbe: Sie brauchen vor allem Vertrauen in die eigenen Fähigkeiten. Das erreichen Sie nur, wenn Sie das Pendel oder die Wünschelrute regelmäßig benutzen und auf diese

Weise Erfahrungen sammeln. Eines Tages werden Sie die Technik so gut beherrschen, daß Sie überhaupt keine Wünschelrute und kein Pendel mehr brauchen, um ein Wasservorkommen zu orten oder die Empfindung richtig zu deuten, die Ihnen sagt, in welche Richtung Sie sich bewegen müssen, um beispielsweise einen verlorenen Gegenstand zu finden.

Heilbäder

Obwohl Heilbäder heute nicht mehr die Rolle spielen wie etwa im 18. und 19. Jahrhundert, gibt es noch immer eine große Zahl von Kurorten mit Quellen und Brunnen, die für ihre Heilkraft bekannt sind. In vielen europäischen Ländern, vor allem in Deutschland, Frankreich und Italien, ist die Kur in einem Heilbad Teil der staatlichen Gesundheitsvorsorge, und die Kosten für eine solche Therapie werden zumindest teilweise von den Krankenkassen übernommen. In Rußland und Island sind heiße Quellen sehr beliebt bei Patienten, die unter steifen Gelenken und rheumatischen Beschwerden leiden. In Japan gilt die Behandlung geschwollener Gelenke mit Eispackungen als außerordentlich wohltuend. In allen diesen Fällen ist das Wasser die heilende Kraft.

Badeorte sind ursprünglich keineswegs aus der Laune irgendwelcher Unternehmer entstanden, die damit Geld verdienen wollten. Sie waren der einheimischen Bevölkerung meist schon seit sehr langer Zeit bekannt, die das Wasser nutzte, um sich selbst und das Vieh zu heilen, lange bevor der große Ansturm einsetzte. Sehr oft ist es auch eher die magische Kraft einer Quelle und weniger ihre Heilwirkung, die noch heute Menschen an solche Orte zieht. Das gilt sicherlich für Glastonbury mit seiner geheimnisvollen Chalice-Quelle.

Die Kunst des Kristallsehens

Vielleicht ist heute die Zeit gekommen, in der Menschen, die sich mit Magie beschäftigen, wieder Zugang zu den heilenden und okkulten Kräften der von alters her bekannten heiligen Brunnen finden. Wasser ist nicht nur ein Mittel zur Heilung körperlicher Beschwerden, es kann auch genutzt werden, um die Konzentration zu fördern und Trost zu spenden. Schon viele Menschen haben an einem tiefen Teich oder an einem ruhig dahinfließenden Strom orakelhafte Visionen empfangen. In vielen alten Tempeln dieser Welt nutzten die Priesterinnen die magische Kraft des Wassers zur Kristallschau. Gewöhnlich wurden sie nach einem rituellen Bad an einen Ort gebracht, an dem es eine unbewegte dunkle Wasserfläche gab. Diese erfüllte den gleichen Zweck wie etwa eine Glaskugel oder ein Spiegel. Die Priesterinnen sahen auf diese Art Dinge, die in weiter Entfernung geschahen oder sich bereits vor langer Zeit ereignet hatten. Gewiß finden wir noch heute so manchen Bach im Wald, der über dunkle Kieselsteine rinnt, oder torfige Teiche im Moor, die eine solche hypnotische und geheimnisvolle Stimmung verbreiten. Sie können uns in den richtigen, aufnahmebereiten Zustand versetzen. Wir müssen dabei sehr vorsichtig sein, denn es kann durchaus vorkommen, daß jemand vom Wasser so stark angezogen wird, daß er kopfüber hineinstürzt.

Im Haus kann man eine Glasschale mit Quellwasser für das Kristallsehen verwenden. Das ist für Anfänger meist leichter als die Beschäftigung mit einer Glas- oder Kristallkugel. Stellen Sie zu diesem Zweck eine sorgfältig gereinigte und polierte Schale auf ein schwarzes Tuch und blenden Sie das Licht ab.

Entspannen Sie sich, und schauen Sie auf das Wasser. Bitten Sie den Geist des Wassers, Ihr Lehrer zu sein und Ihnen seine magischen Visionen zu zeigen. Lassen Sie sich genügend Zeit, bis Ihr Blick nach innen ganz klar wird. Haben Sie Geduld, dies ist eine der schwierigeren Grundübungen der Magie. Sie gelingt nur, wenn man innerlich vollkommen ausgeglichen ist.

Nach einer Weile werden Sie bemerken, daß sich das Wasser verändert, es erscheint ein leichter Dunst oder eine Trübung auf der Oberfläche, und dann ... wer weiß? Oft tauchen Formen, Farben, Gestalten und schließlich voll ausgebildete dreidimensionale bewegte Bilder aus der Mitte des Nebelwirbels auf, sie verlaufen nach außen und füllen schließlich das gesamte Blickfeld. Das geschieht allerdings selten schon beim ersten Versuch. Wenn Sie sich aber bereits einige Zeit mit der Technik der Meditation und der inneren Reise beschäftigt haben, ist die Hälfte des Weges schon geschafft, der Erfolg stellt sich schneller ein, und die Ergebnisse sind auch deutlicher.

Am Ende der Übung sollten Sie sich stets höflich beim Geist des Wassers bedanken, auch wenn Ihre Bemühungen nicht zum gewünschten Ergebnis geführt haben. Danach gießen Sie das Wasser auf die Erde. Wenn Sie gelernt haben, das Wasser zu weihen (für die Technik des Kristallsehens sollte man das Salz besser weglassen), und wenn Sie sich immer freundlich jedem gegenüber verhalten, den Sie um Hilfe und Führung gebeten haben, werden Sie diese beiden magischen Künste immer besser beherrschen.

Einen besonderen Effekt erreicht man, indem man die Glasschale mit dem Wasser dem Licht des abnehmenden Mondes aussetzt. Bei Vollmond kann man das Gefäß auf die Fensterbank stellen, so daß sich das Mondlicht darin spiegelt. Rufen Sie die Mondgöttin an, die uns viele magische Künste lehrt, und bitten Sie darum, daß sie das Wasser segnet und weiht, damit es zu einem klaren Medium für das Kristallsehen wird und Ihre eigenen Fähigkeiten im Verlauf der folgenden zunehmenden Mondphase wachsen. Mit dem Licht des abnehmenden Mondes gelangen Weisheit und Wissen in die tieferen Schichten der inneren Ebenen, das Licht des zunehmenden Mondes wird die neu gewonnenen Fähigkeiten ins Bewußtsein steigen lassen. Bewahren Sie das mondgeweihte Wasser in einer eigenen Flasche an einem dunklen Ort auf, damit es nicht verunreinigt wird. Sie können auch ein wenig davon dem Wasser für die magische Waschung beifügen oder es zum Segnen benutzen. Wenn dieses Wasser ursprünglich sauber war und stets reingehalten wurde, können Sie es auch trinken. Es bildet dann eine weitere Verbindung zu Ihrem medialen Selbst und zu den magischen Fähigkeiten, die durch die Kraft des Mondes geweckt werden.

Es ist ein altes Ritual, hinauszugehen an einen Teich oder an ein anderes Wasser, in dem sich der Mond spiegelt, und zu beobachten, welche seltsamen Eindrücke in unserem Bewußtsein erscheinen, wenn die darüber hinwegziehenden Wolken und die kleinen, vom Wind verursachten Wellen die Wasseroberfläche verändern und das Antlitz des Mondes auf immer neue Weise vielfältig reflektieren. Sie können auch die eigene Kunst der Mondbeschwörung lernen. Dazu reichen beschwörende Blicke drinnen im Haus allerdings nicht. Sie müssen auch dazu ins Freie gehen und die Kraft des Mondes auf die Erde herabziehen, entweder in das Wasser oder durch die Reflexion des gespiegelten Mondlichts in magischen Wein. Beim Ritual der Hexenpriesterinnen dagegen geht die Kraft der Mondgöttin in die Hohepriesterin ein. Im Mondlicht liegen seltsame Kräfte, die im Licht des Tages verschwinden und von Menschen, die sie nicht anerkennen, nicht wahrgenommen werden können.

Unsere Vorfahren wußten, wie man diese geheimen feinstofflichen Kräfte am besten nutzt. Wir müssen uns dieses Wissen Schritt für Schritt neu erschließen, in der Zeit der Dunkelheit, bei Neumond und bei Vollmond. Das geweihte Wasser und der dunkle Wein helfen uns dabei.

Wenden Sie sich an die Göttin. Sie wird Sie das erkennen lassen, wozu Sie bereit sind, wenn Sie durch ihre Regentränen laufen, wenn Sie von ihren heiligen Brunnen trinken und wenn Sie ihren heiligen Quellen und Wassern die gebührende Achtung und Aufmerksamkeit entgegenbringen.

Flamme und Form

Ich bin die Flamme, die in jedem Menschenherzen brennt und in dem Kern jedes Sterns. Ich bin Leben und Lebensgeber, doch deshalb ist das Wissen um mich das Wissen um den Tod. Ich bin allein, es gibt keinen Gott, wo ich bin.
Aleister Crowley: Magick Band II

Naturmagie ist im Grunde etwas ganz Einfaches, doch der Mensch ist ein überaus kompliziertes Wesen geworden, so daß sich die heute angewandten Methoden in vielen Dingen von den magischen Praktiken unserer Vorfahren unterscheiden. Das beginnt schon damit, daß wir lesen können und unsere Informationen weitgehend aus Büchern oder anderen schriftlichen Quellen beziehen. In der Tat halten viele Menschen etwas erst dann für wahr, wenn sie es gedruckt vor sich sehen. Das bedeutet, daß ihnen der gesamte Bereich der volkstümlichen Kultur mit allen Mythen und Überlieferungen, aus denen unser ererbtes magisches Bezugssystem zum großen Teil besteht, nicht mehr zugänglich ist.

Oft sind die inneren Aspekte der Magie schriftlich kaum wiederzugeben, denn es handelt sich dabei um empirische, also nur durch eigene Sinneserfahrung zu gewinnende Erkenntnisse. Wer nicht bereit ist, zu experimentieren und in jedem einzelnen Fall aus der eigenen Erfahrung zu lernen, wird niemals mit okkulten Mitteln arbeiten können. Jede Beschäftigung mit der Magie ist ein Sprung ins Ungewisse. Jeder Zauberspruch, die Anfertigung eines jeden Talismans ist ein Experiment. Sein Erfolg hängt ausschließlich von der eigenen Aufrichtigkeit und Hingabe ab, Wissen oder Fachkenntnisse spielen eine untergeordnete Rolle.

Wir gehen im allgemeinen davon aus, daß man in der Schule lernt, was man fürs Leben braucht. Dabei übersehen wir die Tatsache, daß ein großer Teil unseres lebensnotwendigen Wissens nichts mit dem zu tun hat, was uns im normalen Lese-, Schreib- und Rechenunterricht beigebracht wird. Das macht sich besonders dann bemerkbar, wenn wir in den Bereich anderer Welten kommen und es sich um mentale und mediale Fähigkeiten handelt. Man will kaum wahrhaben, daß es sie überhaupt gibt, viel weniger noch macht man sie zum Thema einer Schulstunde! Dennoch sind Grundtechniken wie beispielsweise die Meditation oder die kreative Visualisierung und das gesunde Selbstbewußtsein, das dadurch entsteht, daß man das praktische Wissen und die Weisheit der eigenen inneren Quellen nutzt, für das reale Leben oft weitaus nützlicher als Kenntnisse in Algebra oder Soziologie.

Wer sich bemüht, den Weg der Magie zu gehen, wird bald erkennen, daß er niemals mit dem Lernen aufhören darf. Wir müssen unser Wissen nicht nur ständig durch neue Ideen ergänzen, sondern auch bereits erworbene Kenntnisse und Fertigkeiten immer wieder in allen Einzelheiten überdenken und vertiefen. An jedem Tag unseres Lebens geschieht etwas Neues, und daraus ergeben sich wiederum neue Bezüge und Erkenntnisse. Genau auf diese Art und Weise haben früher die volkstümlichen Magier und Zauberer ihre Fähigkeiten entwickelt und gelernt, Krankheiten zu heilen, in die Zukunft zu schauen und ihre kleinen Rituale und Zaubersprüche so anzuwenden, daß sie sich selbst und den Menschen in ihrem Umkreis helfen konnten. Keiner von ihnen hatte jemals Gelegenheit, einen Einführungskurs in Magie mitzumachen oder ein Buch über den Erwerb magischer Fähigkeiten zu lesen. Sie machten einfach Gebrauch von den Dingen, die sie um sich herum fanden, und indem sie ihre Wahrnehmung über das Jetzt und Hier hinaus ausdehnten, waren sie imstande, künftige Tendenzen zu erkennen, entlaufene Tiere zu finden oder bei Bedarf schützende Amulette anzufertigen.

Wir leben in einer Welt, in der alles fein säuberlich in Kategorien aufgeteilt und jeweils für sich in ein eigenes Schubfach eingeordnet wird, abgesondert von allem anderen. Doch in Wahrheit steht nichts und niemand für sich allein. Jeder Mensch ist genetisch mit seiner Familie verbunden, und jeder ist insofern ein Teil der ganzen Erde, als er seine Nahrung den Früchten dieser Erde verdankt. Der Mensch ist vom Wetter, von den Jahreszeiten, von der Zeit und von seinen Erfahrungen abhängig wie jedes andere Lebewesen, und das schafft die Verbindung, durch die Magie wirksam werden kann. Auf der Erkenntnis dieser spezifischen Verbindung zwischen allen Dingen beruht zum großen Teil die moderne Magie.

In früheren Zeiten ordnete man nicht nur die Dinge, sondern auch die Natur des Menschen den vier Elementen zu. Wendungen wie »erdverbunden«, »ein feuriges Temperament«, »Luftikus«, »ein windiger Charakter« oder auch »noch feucht hinter den Ohren« werden allgemein gebraucht, ohne daß man sich darüber Gedanken macht, woher sie stammen. Das System der Entsprechungen ist ein nützliches Instrument, denn es ist sowohl auf die Naturmagie als auch auf die eher formellen kabbalistischen Überlieferungen anwendbar. Man versteht darunter Vergleichslisten, in denen Dinge aller Art klassifiziert und damit in Beziehung zueinander gebracht werden. Das kann etwa auf der Grundlage der vier Elemente, der sieben Planeten der alten Astrologie oder der zwölf Tierkreiszeichen geschehen. Es ist eine nützliche Methode, verschiedene Merkmale, Gegenstände und Kräfte miteinander zu verbinden, die beispielsweise bei der Anfertigung eines Talismans hilfreich sein kann.

Die Grundprinzipien

Da die Magie in Übereinstimmung mit verschiedenen Grundprinzipien arbeitet, ist es wichtig, eine grobe Vorstellung von diesen Prinzipien zu gewinnen. Zu den ältesten Zeugnissen für die Anwendung magischer Praktiken gehören die Höhlenmalereien der Steinzeit. Dort findet man unter anderem einen Schamanen oder Jäger abgebildet, der in eine Tierhaut gekleidet ist und ein Hirschgeweih auf dem Kopf trägt. Man deutet diese Darstellung gewöhnlich als Beispiel für sympathetische Magie, Sympathiezauber oder Analogiezauber, bei dem der Magier den gewünschten Jagderfolg vorab szenisch gestaltete, damit die Jäger des Stammes später in der Realität das Tier töten und Fleisch heimbringen konnten. Diese Form der Schauspielerei scheint eine sehr alte und mächtige Form der Magie zu sein. Es gibt aber auch noch andere Aspekte, mit denen man sich beschäftigen sollte. So kannte man zum Beispiel auch eine Art »Dankfest«. Indem der Zauberpriester dabei die Rolle etwa eines Hirschs übernahm, erkannte er die Macht an, die der Geist des Tieres besitzt, und bat durch einen rituellen Akt der Beschwichtigung darum, daß bei einer künftigen Jagd ein anderes an die Stelle des diesmal getöteten Tieres trete. Noch heute gibt es bei den Inuit, den Eskimos, Gebräuche, die den erzürnten Geist der Fische und Seehunde, in diesen eisigen Gebieten die wichtigste Nahrungsgrundlage, versöhnen soll, damit er in neuer Verkörperung wiedergeboren wird.

Eine andere Aufgabe der Zauberpriester war das Aufspüren der Jagdbeute. Zu diesem Zweck nutzte man schon sehr früh in der Geschichte der Menschheit die Fähigkeit, über den eigenen engen Gesichtskreis hinauszusehen, und zwar sowohl auf räumlicher als auch auf zeitlicher Ebene, denn die Herden, auf die der Mensch angewiesen war, bestanden aus Weidetieren, die nicht an einem Ort blieben, sondern wanderten. Man konnte nicht damit rechnen, sie längere Zeit an der gleichen Stelle vorzufinden, vor allem, wenn die Jäger sie schon einmal erschreckt hatten. Außerdem war man stets auf der Suche nach reifen Früchten, Wurzeln und Beeren, ebenso nach Quellen zur Wasserversorgung, denn der Mensch der Frühzeit siedelte gern in trockeneren Gebieten. Sehr wahrscheinlich erkannten bereits die ersten Stämme und Familienclans die angeborene Fähigkeit einzelner Männer und Frauen, richtig vorauszusagen, wo die notwendige Nahrung zu finden war. Die modernen Magier und Hexen nutzen im Grunde noch heute genau die gleiche Fähigkeit, obwohl sie im Supermarkt oder auf dem Wochenmarkt einkaufen.

Feuer und Flamme

Dieses Wissen muß schon bei unseren Urahnen tief im Bewußtsein verankert gewesen sein, so wie es noch heute weitgehend verborgen in unseren Köpfen weiterlebt. Wir benutzen noch immer ähnliche Methoden, um die Intuition an die Oberfläche zu locken: Wir blicken ins Wasser oder in den sanften Glanz einer Kerzenflamme. Das sich langsam entwickelnde technische Interesse der frühzeitlichen Menschheit muß vor allem dem Feuer gegolten haben. Im Himmel entstanden, bricht es als Blitz aus den Wolken hervor und setzt Bäume und trockenes Gras in Brand. Es muß den Menschen wie ein Geschenk des Himmelsgottes erschienen sein. Von vielen alten Völkern sind uns Sagen und Legenden zu diesem Thema überliefert. Bei den Griechen war es Prometheus, der den Menschen das Feuer brachte. Eine ähnliche Geschichte gibt es bei den Maoris, ebenso bei den Ureinwohnern Australiens. Dort heißt es, daß ein Vogel oder ein anderes Tier den Menschen dabei half, den Göttern diesen Schatz zu stehlen.

Feuer sorgte im Winter für Wärme und spendete das Licht für die geheimen magischen Orte tief in den Felsenhöhlen, wo man in Europa und Australien, in Amerika und Südafrika besonders kunstvoll angelegte Begräbnisstätten und die schönsten magischen Felszeichnungen fand. Wo immer die Erde tief im Innern ihrer harten Kruste solche besonderen Orte hatte entstehen lassen, drangen die Zauberer ein. Sie nahmen kleine Lampen mit und malten mit der ganzen Palette der Naturfarben Bilder von der heiligen Jagd, von den Menschen und besonders von den Tieren, denen sie ihren Lebensunterhalt verdankten. Nur das Medium Feuer erlaubte es ihnen, in dieser Dunkelheit zu arbeiten. Im flackernden Schein der Flammen schien es, als ob die Bilder, der Geist der Tiere und die Toten wieder zum Leben erwachten. Diese Grundtechnik steht uns noch heute zur Verfügung, obwohl Herd und Lampen jetzt zumeist von Elektrizität gespeist werden und die offene Flamme längst aus dem Haus verbannt ist.

Die Beschäftigung mit der Magie erfolgt fast immer beim schwachen Schein der lebendigen Flamme. Wir benutzen Kerzen, Nachtlichter, Öllampen oder einfach die Glut des Feuers. Damit kommen wir zu einer weiteren Technik, die seit Urzeiten bekannt ist. In der Glut und in den hellen Flammen, in der dunklen Kohle, in der grauen Asche und in den brennenden Holzscheiten werden Bilder erkennbar, die jeweils eine andere Dimension öffnen. Der geübte Beobachter wird auf diese Weise mühelos durch das Tor des Feuers in die andere Welt versetzt. Diese Form des Hellsehens ist sehr alt. In jedem Tempel und in jedem heiligen Hain gab es stets eine Feuerstelle. Dort verbrannte man wohlriechende Hölzer, und »das heilige Feuer durfte niemals zu weißer Asche vergehen«, um einen römischen Schriftsteller zu zitieren, der mit diesen Worten das Sanktuarium von Aquae Sulis, dem heutigen Bath in Südengland, beschrieb.

Dieses Feuer verzehrte auch die Opfergaben, zumeist Räucherwerk oder Fleisch. Der Wahrsager blickte dabei in die Flammen der Feuerstelle und deutete das Feuerorakel. Das Holz, das hier verbrannt wurde, stammte fast immer von Bäumen oder Pflanzen, die selbst als heilig galten. Man verwendete kleine Äste bestimmter Baumarten und die Stengel von Kräutern wie Rosmarin, Diptamdost, Salbei, Thymian oder Raute, ebenso Baldrian, die Tempelpflanze, die sowohl die Heilung als auch die visionäre Kraft fördert. Natürlich haben die Menschen bald erkannt, daß das Verbrennen mancher Pflanzen das Bewußtsein auf merkwürdige Weise beeinflußt, leider nicht immer zum Vorteil. Heute sollte man in der Magie ganz bewußt alles meiden, was sich unserer Kontrolle entzieht.

Öllampen waren in allen Ländern der alten Welt in Gebrauch. Man speiste sie hauptsächlich mit Olivenöl. Im kalten Britannien mußten sich die einfallenden Römer und andere Eindringlinge allerdings mit Talglichtern begnügen, die aus dünnen geschälten Binsen, in flüssiges Schaffett getaucht, bestanden.

Kerzen aus Bienenwachs waren sehr teuer, man zündete sie gewöhnlich nur an hohen Festtagen auf dem Altar in den Kirchen an. Das Paraffinwachs, aus dem heute die handelsüblichen Kerzen bestehen, ist ein Kind der petrochemischen Industrie und wahrscheinlich nicht mehr als etwa hundert Jahre alt. Einfache Lampen, in denen man Tierfett verbrannte, erleuchteten und erwärmten auch bis zu einem gewissen Grad die Häuser der ärmeren Bevölkerung, bevor später das Leuchtgas und danach der elektrische Strom eingeführt wurde. Heute sind wir selbstverständlich an die dem Tageslicht ähnliche Helligkeit der Neonröhren und Glühbirnen gewöhnt, doch das ist im Grunde eine recht junge Errungenschaft. Die meisten modernen Magier ziehen noch immer Lampen und Kerzen mit einer richtigen Flamme vor, wenn sie bei ihren Zeremonien Licht brauchen, Opfergaben oder magische Omen verbrennen oder eine moderne Umgebung durch den besonderen Reiz des lebendigen Feuers verändern wollen.

Wenn man das elektrische Licht ausschaltet und dafür eine natürliche Flamme entzündet, findet eine deutliche Verwandlung der Atmosphäre statt. Auch ein ganz alltäglicher Raum erhält dadurch einen Hauch von Magie, und es entsteht dieses ganz bestimmte Gefühl der Erwartung und Erregung, das für das Gelingen jeder magischen Handlung so wichtig ist. Wie alles, was man unternimmt, um die Wirkung der Magie zu steigern, also etwa das Anlegen einer besonderen Kleidung und das Abbrennen von Räucherwerk, kann auch das gedämpfte Licht, der sanfte Schimmer einer Kerze, die tanzenden Schatten der offenen Flamme, dazu beitragen, jene inneren Wahrnehmungsebenen zu aktivieren, auf denen die Weissagungen deutlich wahrnehmbar und die inneren Reisen lebendig werden. Man mag dies als »psychologischen Effekt« bezeichnen, doch genau damit beginnen die meisten Veränderungen in unserer Welt. Im gedämpften Licht gewinnen Symbole, Gestalten, Farben und Gefühle eine neue Bedeutung. Bis dahin unbekannte Wahrnehmungen steigen aus der Tiefe an die Oberfläche. Alles, was wir bei Kerzenschein tun, beeinflußt die innersten Bewußtseinsebenen.

Die Bewußtseinsebenen

An nahezu allen magischen Praktiken sind verschiedene Wahrnehmungsebenen beteiligt. Wir vergessen gern, daß wir tatsächlich erst unser Bewußtsein erweitern müssen, ehe wir uns überhaupt mit einer esoterischen Aufgabe beschäftigen können. Obwohl es erforderlich ist, für die Dauer dieser Aufgabe die äußere Welt weniger deutlich wahrzunehmen, während wir still dasitzen und meditieren oder ein einfaches Ritual ausführen, brauchen wir gleichzeitig eine erweiterte Wahrnehmungsfähigkeit, um mit Sicherheit jede kleinste Nuance des Geschehens zu erfassen.

Die erste Wahrnehmungsebene ist unsere normale Welt. Es stimmt, daß viele Menschen so wenig von dem wahrnehmen, was in ihrer Umgebung vorgeht, daß sie keine Ahnung haben, wenn man sie nach der Nummer des eben vorbeifahrenden Omnibusses fragt oder wissen möchte, wo man irgendeinen ganz alltäglichen Gegenstand kaufen kann.

Wir neigen dazu, in einer Art Halbtraum durchs Leben zu gehen, wenn wir uns nicht bewußt darum bemühen, das zu vermeiden. In vielen Philosophien des Ostens finden sich immer wieder Wendungen wie »wir müssen wach werden«, »zur höheren Wahrnehmung kommen« oder »Bewegungslosigkeit und Stille haben zum Ziel, Bewußtsein zu entwickeln«. Auf den ersten Blick ergeben solche Sätze oft keinen Sinn, dennoch enthält jeder einzelne eine Wahrheit. Wir werden immer fast völlig automatisch reagieren, wenn wir nicht ganz bewußt etwas dagegen unternehmen. Wir stehen jeden Tag auf, wir waschen uns, wir ziehen uns an, wir frühstücken sogar, ohne uns auf das zu konzentrieren, was wir tun. Oft geht dieser sich-seiner-selbst-nicht-bewußte Zustand über in die stumpfsinnigen Alltagspflichten im Beruf, bei der Hausarbeit, beim Einkaufen und Kochen, bis wir uns schließlich in den bequemen Sessel vor dem Fernsehgerät fallen lassen. Ein wahrer Magier zu sein, ein Magier, der mit der Natur zusammenarbeitet, bedeutet das Gegenteil davon, nämlich jeden Augenblick des Wachens und des Schlafens mit vollem Bewußtsein zu erleben.

Wir müssen zunächst damit beginnen, uns selbst zu erziehen. Denken Sie daran, welchen Schuh Sie zuerst anziehen. Machen Sie sich klar, wie viele alltägliche Aktivitäten nach unbewußten Verhaltensmustern ablaufen und wie wenig Sie die Welt um sich herum bewußt wahrnehmen. Das muß sich ändern. Vielleicht hilft es am Anfang, wenn Sie über alle Tätigkeiten laufend einen stillen Kommentar abgeben: »Jetzt stehe ich auf, mein rechter Fuß berührt den kühlen Teppich, jetzt gehe ich ins Badezimmer, hier ist es heller. Das Wasser plätschert, es ist warm, das Handtuch fühlt sich rauh an.« Finden Sie heraus, wie lange Sie das durchhalten können. Sie werden überrascht sein, wie schwer es ist. Nur wenige können sich mehr als fünfzehn Minuten lang konzentrieren, die meisten sogar eine noch wesentlich kürzere Zeit. Um wirksam Magie zu betreiben, ist eine Aufmerksamkeitsspanne von mindestens ein bis zwei Stunden erforderlich!

Sie dürfen sich aber nicht ausschließlich auf die visuellen Dinge konzentrieren, beispielsweise auf die Möbel oder die Farbe der Wände. Ihre Aufmerksamkeit muß ebenso dem Gefühl gelten, das Ihre Kleidung hervorruft, ihrem Gewicht, dem Gewebe, der Bequemlichkeit. Sie müssen auf alle Geräusche achten, nicht nur auf die deutliche Begleitmusik des Lebens, sondern auch auf das leise Knistern der Kleider bei jeder Bewegung, auf das dumpfe Pochen des Pulses, das man hört, wenn es draußen ganz still ist. Sie müssen den fernen Vogelgesang wahrnehmen, das Hundegebell, den Wind in den Bäumen. Auch in der Großstadt kann man durchaus solche Geräusche hören und identifizieren.

Sie müssen auch sehr viel mehr sehen und für sich selbst beschreiben, was Sie erkennen und fühlen: Farben, Tiefe, Entfernung, Licht und Schatten. Nehmen Sie auch die Düfte wahr: wohlriechende Parfüms, die starken Küchendünste, den Duft der Blumen; aber auch den Geruch von Mörtel und Beton, von Metallen und Textilien in der nächsten Umgebung. Die Natur hat uns mit vielen Sinnen ausgestattet, die meisten gebrauchen wir überhaupt nicht. Um alle diese Gaben zu nutzen und die aufgenommenen

Informationen auszuwerten, müssen wir bis an die Grenzen unseres Leistungsvermögens gehen. Wir müssen außerordentlich sensibel werden und doch imstande sein, diese Sensibilität wieder auszuschalten, wenn sie nicht gebraucht wird. Nur wenn wir uns unaufhörlich und vollständig bewußt sind, was normalerweise um uns herum vorgeht, sind wir fähig, auch auf anderen Ebenen Informationen zu sammeln. Solange wir nicht wissen, was zum gewöhnlichen Ablauf des Alltags gehört, können wir ungewöhnliche Botschaften aus dem Innern, also das Außergewöhnliche, nicht erkennen.

Lernen Sie, still zu sein und nicht nur auf den Körper und die Botschaft der fünf Sinne zu hören, achten Sie auch darauf, welche Informationen auf der mentalen Ebene aufgenommen werden. Versuchen Sie zu erkennen, woher Gedanken und Inspirationen kommen. Wo sitzt Ihr Bewußtsein? Ist es in Ihrem Kopf, im Herzen oder eher außerhalb dessen, was die meisten Menschen als ihren physischen Körper bezeichnen? Achten Sie darauf, was Ihr Bewußtsein sagt. Lernen Sie, auf Ihr Herz und seine Gefühle zu hören. Sie sind eigene Kanäle, über die uns Belehrung und Führung erreicht. Doch wir ignorieren sie. Wir verhalten uns so, als ob sie überhaupt nicht vorhanden wären, weil wir noch nicht erkannt haben, welche wichtigen Botschaften sie unserem Bewußtsein auf ganz subtile Weise übermitteln können.

Hören Sie, was Ihr Körper über seinen Gesundheitszustand, über sein Verlangen nach Nahrung, Ruhe, körperlicher Betätigung oder Reinigung meldet. Behandeln Sie ihn gut, denn er ist ein Geschenk von Mutter Natur. Lernen Sie, sich selbst zu lieben, indem Sie Ihren Körper kennenlernen. Sie können Ihre äußere Erscheinung verbessern und Ihr Gewicht regulieren, dafür tragen Sie selbst die Verantwortung. Wenn Sie richtig für Ihren Körper sorgen, wird er Ihnen lange Zeit dienen. Der Körper ist die äußere

Hülle, die uns für die Zeit eines Lebens geliehen ist. Behandeln wir ihn vernünftig, dann bleibt er gesund. Er kann mit unerwünschten Krankheiten fertigwerden und er leistet Widerstand gegen Krebs, Herzerkrankungen und Lungenleiden. Wir müssen allerdings dafür sorgen, daß er nicht verunreinigt wird, beispielsweise durch Rauchen. (Kein vernünftiger Mensch raucht, vor allem kein echter Magier!) Achten Sie auf eine ausgewogene Ernährung, ob vegetarisch oder nicht, das liegt ganz bei Ihnen. Aber denken Sie darüber nach und treffen Sie eine bewußte Entscheidung. Sie sind für Ihre Gesundheit verantwortlich, also legen Sie schlechte Gewohnheiten ab. Sie dürfen Ihr physisches Selbst durchaus lieben, aber Sie sollten auch die spirituelle Seite Ihres Wesens kennen und lieben lernen.

Versuchen Sie, sich der inneren Daseinsebenen bewußt zu werden. Nehmen Sie das eigene Herz, das die Gefühle steuert, und Ihren ewigen Geist wahr. Gefühle sollten Sie untersuchen und nicht unterdrücken! Jeder Mensch ist ab und zu einmal wütend, verletzt oder enttäuscht, das ändert sich auch wieder. Liebe gewinnt man, indem man liebenswert ist. Selbst Jesus sagte: »Liebe deinen Nächsten wie dich selbst.« Wenn Sie sich nicht selbst lieben, können Sie auch nicht erwarten, daß ein anderer Sie liebt. Strahlen Sie Hoffnung, Liebe, Anteilnahme und Güte aus. Einem magischen Gesetz zufolge erhalten Sie das gleiche dreifach zurück. Lächeln Sie, seien Sie freundlich zu den Menschen, mit denen Sie es zu tun haben. Augenblicklich und wie durch einen Zauber werden Sie durch ungeteilte Aufmerksamkeit, durch kleine Beweise des Wohlwollens oder einfach durch ein Lächeln des Erkennens und der Anerkennung belohnt. Ein freundliches Wort wirkt lange nach und gewinnt uns die Hilfe, Teilnahme und Achtung anderer Menschen. Es ist das Öl für das Räderwerk unseres Lebens.

Wenn Sie auf den inneren Ebenen unverschämt und fordernd auftreten oder sich einbilden, Sie hätten das

Recht, den dort lebenden Wesen Befehle zu erteilen, werden Sie unangenehme Überraschungen erleben. Im inneren Bereich sind Sie der Fremde, der ungeladene Gast. Wenn Sie sich nicht anständig benehmen, werden Sie kaum Hilfe finden, nicht etwa, weil man als Mensch dort notwendigerweise nur Böses erfährt, sondern weil die eigene Einstellung auf Sie zurückstrahlt.

Wahrnehmungsfähigkeit und Bewußtsein sind nur scheinbar etwas Ätherisches, in Wahrheit sind es reale Tatsachen, mit denen wir im Leben rechnen müssen. Wenn Sie Ihre innere Wahrnehmungsfähigkeit nicht entwickeln, dann wird Sie kein magischer Zauberspruch, keine Geisterbeschwörung und kein noch so kunstvolles Ritual auch nur einen Schritt auf Ihrer Lebensreise weiterbringen. Sobald Sie aber das richtige Bewußtsein haben, nehmen Sie die Reaktionen auf Ihre Gebete klar und deutlich wahr, sie erfolgen fast so schnell, wie man das Gebet spricht. Die Bedeutung von Weissagungen wird offenbar, es kommt zu fast wunderbaren Heilungen, denn Sie nehmen jetzt einfach wahr, daß sie geschehen. Ihr Alltag wird leichter, denn Ihr ganzes Dasein bekommt einen neuen und für Sie erkennbaren Sinn. Was immer Sie tun, wem Sie auch begegnen, Sie werden stets in der Lage sein, jeden Vorgang genau zu begreifen.

Die Welt wird für Sie zu einem besseren Ort, weil es Ihnen allmählich gelingt, jede Ihrer Handlung in allen Aspekten genau zu kontrollieren. Das gilt nicht nur für die Dinge, die Sie auf der magischen Ebene tun, sondern auch für das ganz alltägliche Leben. Sie werden Strukturen wahrnehmen und Energieströme erkennen, die die Welt nicht beachtet, und da Sie erkennen, ob sie sich positiv oder negativ auf Ihre geplanten Vorhaben auswirken, können Sie sie für Ihre Ziele nutzen. Man kann diese Energieströme nicht erklären, weil jeder Mensch sie auf unterschiedliche Art und Weise wahrnimmt. Es genügt, daß man davon weiß, um sie in ihrer spezifischen Ausdrucksform zu erkennen.

Ebenso wichtig wie die Wahrnehmung des äußeren Geschehens in unserer unmittelbaren Umgebung ist es, die Symbole der inneren Ebenen zu kennen und zu verstehen. Hier gibt es gut überschaubare Systeme wie beispielsweise die 78 Tarotkarten oder die 64 Hexagramme des I-Ging, deren Bedeutung man leicht erlernen kann. Möglicherweise ist es aber erforderlich, daß Sie selbst vier-, sieben- oder zwölfteilige Listen über die Entsprechungen zu den Elementen, Planeten und Tierkreiszeichen anfertigen. Sie müssen zu diesem Zweck eine Tabelle anlegen und nach und nach die einzelnen Informationen in die entsprechenden Rubriken eintragen. Ein Beispiel: Man kann ziemlich rasch eine Liste der Elemente zusammenstellen und als erstes die magischen Ausdrucksmittel für Erde, Wasser, Feuer und Luft dazuschreiben. Dann geht man einen Schritt weiter und überlegt, welcher Planet zu jedem der Elemente gehört, welche Himmelsrichtung, welche Tarotfarbe, welche Form, welche Farbe, welches Symbol, welches Räucherwerk, welches Elementarwesen und so weiter. Achten Sie darauf, das entsprechende Merkmal stets in die richtige Zeile einzufügen. Nur so hat man schließlich alle Farben, Erzengel oder Götter in einer Reihe nebeneinander, und es entsteht kein Durcheinander. Diese Tabellen braucht man, sobald man mit der Durchführung von Zeremonien beginnt. (Siehe Tafel 1, Seite 112/113)

Die Tabelle der Elemente steht auch in Beziehung zum magischen Kreis, den man im Garten oder draußen in der Natur beim Anblick der Sonne und der Sterne errichtet. Naturmagie muß im Freien stattfinden, soll sie hundertprozentig erfolgreich sein. Je früher man sich mit diesem Gedanken vertraut macht und es ausprobiert, desto besser.

Drinnen und draußen

Wenn man mit der Natur arbeiten will, muß man hinausgehen und ihre Nähe suchen. Man kann sie nicht ins Haus rufen, sie ist viel zu groß und zu mächtig, und sie ist etwas viel zu Heiliges, als daß man sie in ein Zimmer holen könnte. Drinnen kann man lediglich die Rituale und Übungen durchführen, mit denen wir unsere Fähigkeiten trainieren: die stillen Meditationen, die inneren Reisen, die kleine Magie zur eigenen Weiterentwicklung. Man darf aber nicht erwarten, daß uns die gewaltigen Naturkräfte auf Abruf zur Verfügung stehen. Man muß den Mut haben, sie draußen aufzusuchen.

Es wird oft übersehen, daß die Beschäftigung mit der Naturmagie in unserer Zeit tatsächlich auch einen gewissen Mut erfordert. Man fühlt sich schon ein wenig unbehaglich, wenn man im Garten einen Kreis absteckt, indem man vielleicht kleine Zweige oder Blätter auf dem Rasen auslegt, und sich dabei vorstellt, daß die Nachbarn voller Neugier zuschauen. Doch in den meisten Fällen trifft das gar nicht zu. Denken Sie einmal nach: Wie oft haben Sie selbst sich darüber Gedanken gemacht, was auf dem angrenzenden Grundstück geschieht? Fangen Sie an, Ihren Nachbarn zu beobachten, wenn Sie bemerken, daß er ein neues Hobby pflegt oder sonst einer Tätigkeit in seinem Garten nachgeht? Schauen Sie nachts hinter der Gardine hervor, ob der Nachbar wirklich nur Gartenabfälle verbrennt, oder ob das Feuer nicht doch einem magischen Opfer dient? Natürlich tun Sie so etwas nicht, und ebensowenig wird es Ihr Nachbar tun, wenn Sie nicht unnötig viel Aufhebens um Ihre Aktivitäten machen. Magie sollte geheim bleiben und diskret betrieben werden. Richten Sie sich danach, dann wird Sie auch niemand stören.

Das gilt auch für die freie Natur, für den Wald, für die Felder in abgelegenen ländlichen Gebieten, für die Moore oder den Strand bei Nacht. Wenn man seine Anwesenheit nicht dadurch anzeigt, daß man Bäume umreißt, Feuer entfacht und das Vieh erschreckt, wird niemand Notiz nehmen. Ich weiß das aus eigener Erfahrung, denn ich habe schon an allen möglichen Orten Zeremonien durchgeführt, und niemals hat sich jemand darüber beschwert oder gar einen Leserbrief an die Zeitung geschrieben. Wenn Sie die Natur selbst bitten, Ihnen eine Stelle zu zeigen, wo Sie mit ihr in Berührung kommen und lange genug ungestört dasitzen können, um ihre Antwort zu hören, wird sie Ihre Aufmerksamkeit bestimmt auf einen geeigneten Ort lenken, an den Sie selbst nie gedacht hätten. Er wird sicher und geheim sein, solange Sie es wünschen.

Oft geschieht es jedoch, daß man durch eigene Dummheit, durch Andeutungen oder indem man vielleicht mit seinen Aktivitäten prahlt, genau die Störungen und die Neugier hervorruft, die man eigentlich vermeiden wollte. Die Sehnsucht und der Wunsch nach Anerkennung ist eine menschliche Schwäche. Irgendwie will man, daß die anderen es wissen, wenn man etwas Außergewöhnliches tut, denn man erwartet eine gewisse Bewunderung von ihnen. Dieses Bedürfnis muß im eigenen Interesse und im Interesse aller anderen Magier in der näheren Umgebung vollständig unterdrückt werden. Handeln Sie stets in aller Stille, im Geheimen und mit Rücksicht auf die wildwachsenden Pflanzen, auf die Tiere und die Menschen des Ortes, dann wird die Göttin Ihnen zugetan sein, sie wird Sie schützen und mit Weisheit beschenken.

Wer sich wirklich als Naturmagier, als Hexe oder Zauberer betrachten will, für den ist es wichtig, daß er zumindest einen Teil des Tages draußen im Freien verbringt und wahrnimmt, was dort um ihn herum vorgeht. Die meisten Menschen haben die Vorstellung, daß man nur in einem abgedunkelten Raum beim Duft von Räucherstäbchen und innerhalb eines magischen Kreises meditieren kann. Dabei ist eher das Gegenteil der Fall. Der größte magische Kreis, in den wir eintreten können, ist der Erdkreis selbst.

Im Freien sind uns Kräfte und Energien aller Art zugänglich, wir müssen uns ihnen nur vertrauensvoll öffnen und es wagen, sie zu nutzen. Lernen Sie, sich unter den Augen der gewaltigsten Feuerkraft dieser Erde, der Sonne, zu bewegen. Nehmen Sie ihre Energie auf, spüren Sie ihre Wärme und ihre heilenden Kräfte. Beobachten Sie den eigenen Schatten, das Spiel von Hell und Dunkel zwischen den Blättern der Bäume, das Funkeln der Sonnenstrahlen auf dem Wasser und die Lichtreflexe in den Fensterscheiben. Suchen Sie die Verbindung zu diesen Quellen der Inspiration. Stellen Sie Fragen und beobachten Sie daraufhin die Lichtblitze und die Schattenmuster. Sie geben Ihnen Bestätigung und zeigen Tendenzen auf. Genießen Sie die Wärme und das Licht, nehmen Sie die energetisierenden Kräfte tief in sich auf. Atmen Sie Trägheit, Müdigkeit und Einsamkeit aus und Wärme, Vitalität und Freundschaft ein.

Kerzenzauber

Der Winter ist die Zeit, um drinnen im Haus ein Feuer anzuzünden und sich mit Kerzenmagie und der Wirkung der verschiedenen Harze und Kräuter zu beschäftigen, die man als Räucherwerk verbrennt. Für die Kerzenmagie brauchen Sie einen Vorrat verschiedenfarbiger Kerzen, darunter auch einfache weiße, dazu eine Anzahl Kerzenhalter und feuerfeste Unterlagen, auf die man die brennenden Kerzen stellen kann. Ein rundes Spiegelglas auf einem farbigen Tischtuch reflektiert die Farben aus der Umgebung der Kerze, eine Tatsache, die man sich bei dieser einfachen, aber uralten Form der Magie gern zunutze macht.

In jeder Flamme lebt ein einfacher Geist. Sie können lernen, eine Kerze mit Mandelöl, das vielleicht noch mit anderen duftenden Ölen parfümiert ist, so zu präparieren, daß sie genau der Absicht eines bestimmten Zaubers entspricht, den Sie ausführen wollen. Man streicht zu diesem Zweck eine winzige Menge Öl auf eine neue, besonders für die bevorstehende Zeremonie ausgewählte Kerze. Achten Sie darauf, daß nichts von dem Öl auf den Docht kommt! Konzentrieren Sie sich einen Augenblick darauf, einen Flammengeist herbeizurufen, der Ihnen helfen wird. Wenn die Kerze fest im Halter sitzt, zünden Sie sie mit einem Streichholz an. Entspannen Sie sich, schließen Sie einen Moment die Augen, bis der meditative Zustand eintritt. Dann öffnen Sie die Augen wieder und sprechen zur Kerze wie zu einer realen Persönlichkeit. Nennen Sie den Zweck der magischen Sitzung, und stellen Sie eine Frage. Sagen Sie, warum Sie Hilfe brauchen und wie Ihrer Meinung nach die Angelegenheit am besten zu erledigen wäre. Warten Sie ab, wie sich die Flamme als Antwort auf diese Frage bewegt. (Die Kerze muß unbedingt so stehen, daß sie keinem Luftzug ausgesetzt ist und auch von Ihrem Atem nicht beeinflußt werden kann.) Flammen können sehr ausdrucksstark reagieren, wir müssen nur gewillt sein, ihnen Glauben zu schenken. Sie können sich durch Nicken und Flackern, durch Kontraktionen und Neigungen in einer Art einfacher Körpersprache mit uns unterhalten, wenn man ihnen nur genügend Zeit gibt, damit ihre Antworten Gestalt annehmen können.

Man sollte aber nicht nur das Spiel der Flamme selbst beobachten, sondern auch die Muster, die sich bilden, die Schatten, die helle Aura um ihren Kern. Das alles kann uns einen bestimmten Gedanken vermitteln. Wir müssen davon ausgehen, daß wir auf diese Weise sehr irdische Hinweise erhalten. Die Magie arbeitet nicht mit Engelskräften, die uns auf einem silbernen Tablett ihre Gaben servieren.

Wenn wir ein höheres Gehalt wollen, müssen wir dafür arbeiten. Neue Freunde finden wir, wenn wir dorthin gehen, wo uns gleichgesinnte Menschen zusammenkommen, und wenn wir uns ihnen gegenüber freundlich verhalten. Jedes Gute hat seinen Preis, ob man es durch magische Mittel erwirbt oder ob man es auf dem Markt ersteht. Okkulte Methoden helfen aber, daß wir genau das finden, wonach wir suchen.

Wenn man etwa fünfzehn Minuten im Gespräch mit dem Flammenfreund verbracht hat, geschieht es oft, daß das Denken plötzlich in ganz bestimmte Bahnen gelenkt wird. Auch wenn dieses Resultat nicht gerade spektakulär erscheint, kann man sich darauf verlassen, daß diese Methode sehr gut funktioniert. Man sollte danach den Docht ausdrücken oder die Flamme mit einem dieser altmodischen kegelförmigen Kerzenlöscher ersticken. In der Magie würde das Ausblasen der Kerze bedeuten, daß man den Atem, das Symbol des Lebens, dazu benutzt, etwas zu vernichten. Man kann eine Flamme schnell und sicher mit den Fingern ausdrücken.

Feuer ist gefährlich, das ist eine offensichtliche Tatsache. Dennoch treffen viele Menschen keinerlei Vorsichtsmaßnahmen, wenn sie im Haus oder im Freien mit der Flamme arbeiten. Sobald man angefangen hat, sich mit Magie zu beschäftigen, muß man die Verantwortung für all seine Handlungen übernehmen. Dazu gehört auch, daß man sich zu helfen weiß, wenn einmal etwas zu brennen beginnt. Man muß sich also informieren, was zu tun ist, wenn etwa der Kamin Feuer fängt, wenn Öl in der Küche brennt, wenn ein Elektrostecker in Brand gerät, oder was passieren kann, wenn man leichtsinnig ein Zündholz aufs Sofa fallen läßt. Achten Sie auch darauf, daß Sie niemals etwas Brennendes draußen in der Natur zurücklassen. Schon ein kleiner Funke könnte auf trockenes Gras oder Laub überspringen und ungeheuren Schaden anrichten. Durch eine einzige Sekunde der Nachlässigkeit sind schon gewaltige Waldbrände entstanden. In unserer Zeit sind diese Vorkehrungen noch wichtiger geworden, denn in den Wäldern stehen immer mehr kranke und sterbende Bäume. Der große Sturm vom Herbst 1987 hat in den Wäldern genug gewütet. Es ist also nicht nötig, daß durch unachtsame Möchtegern-Magier noch mehr Schaden angerichtet wird.

Jeder Magier sollte sich im Verlauf seiner Studien mit der Feuerbekämpfung beschäftigen und über den Einsatz des Feuerlöschers und den Gebrauch von Wasser und Besen Bescheid wissen. Das dient der allgemeinen Sicherheit. Man könnte dieses Wissen eines Tages brauchen, um Menschenleben zu retten, und das wäre dann in der Tat eine magische Handlung. Sobald man etwas mehr Erfahrung hat, wird man bemerken, daß man etwas Brennendes förmlich riecht, daß man die Hitze spürt und daß man sogar bei jeder gefährlichen Situation in der näheren Umgebung physisch in einen Alarmzustand gerät. Es ist sicher keine besonders aufregende Sache, den Feuermelder zu betätigen, aber nur durch rechtzeitiges Handeln ist manchmal zu verhindern, daß sich eine bedenkliche Situation zu einer Katastrophe ausweitet.

Wir sollten aber auch Gefahren anderer Art wahrnehmen und praktisch helfen können. Auch das Wasser, eine Höhle oder der Sprung von einem hohen Felsen kann ein Risiko darstellen. Man kann nie wissen, wann wir mit unserer neu erwachten Sensitivität anderen von Nutzen sein können, die Möglichkeit besteht immer, ob im Innern eines magischen Kreises oder bei der Fahrt auf der Autobahn. Wenn man sich stets vollkommen auf das einstimmt, was real und richtig ist, wird man schließlich sofort aufmerksam, wenn etwas nicht in Ordnung ist, und erkennt augenblicklich eine nahende Gefahr oder eine Situation, in der sich ein Unfall anbahnt. Das ist dann die praktische Anwendung des magischen Wissens.

Bei anderen Formen des Feuerzaubers spielt die Kenntnis der Entsprechungen zu den sieben Planeten eine Rolle, die wiederum mit den Wochentagen in Verbindung stehen. Obwohl wir heute auch von den weiter entfernten Planeten wissen, gehen die einfachen Praktiken der alten Naturmagie von der Zahl Sieben aus. Legen Sie eine Liste der Wochentage an, und vervollständigen Sie die einzelnen Rubriken (siehe dazu Tafel 2, Seite 114/115). Sie können solche Tabellen auch in anderen Büchern nachschlagen. Das System funktioniert aber ebenso gut, wenn Sie selbst entsprechende eigene Begriffe zusammenstellen und sie später überprüfen. Sie werden bemerken, daß jedem Planeten in den verschiedenen Quellen eine Fülle der unterschiedlichsten Farben, Edelsteine und Pflanzen zugeordnet werden. Das kommt daher, daß es sich hier um ein uraltes System handelt, das immer wieder von vielen Magiern angewandt wurde, die von ganz unterschiedlichen Schulen und Überlieferungen ausgingen.

Suchen Sie sich selbst ein System aus, mit dem Sie beginnen. Wechseln Sie es nur, wenn es dafür einen guten Grund gibt. Falls man mit anderen zusammenarbeitet, die bereits ein bestimmtes System anwenden, sollte man dieses für den Anfang ebenfalls übernehmen. In Ihre eigene Tabelle tragen Sie folgende Punkte ein: Tag, Planet, Farbe, Zahl (diese kann sehr stark variieren), Räucherwerk, Pflanze, Tier, Vogel. Alle diese Angaben kann man brauchen, wenn man etwa Planetentalismane, Symbole, vielleicht auch Tarotkarten und ähnliches ausarbeitet. Die Liste sollte auch die Prinzipien enthalten, die mit den Planetenherrschern in Verbindung gebracht werden, und zwar möglichst umfassend. So wird zum Beispiel die Venus (Freitag) im allgemeinen nur mit Liebesbeziehungen in Verbindung gebracht, obwohl sie in Wirklichkeit Partnerschaften aller Art beeinflußt, von denen Liebesbeziehungen ja nur ein Teil sind. Venus fördert alle Arten von gemeinsamen Unternehmungen. Die Liebe ist die Kraft, die man in diesem Zusammenhang anrufen und um Unterstützung bitten kann. Sie sollten sich jedoch nicht einbilden, daß es einen »Liebeszauber« gibt, der nur das Objekt Ihrer Zuneigung beeinflußt. Alles, was wir tun, fällt in erster Linie auf uns selbst zurück, jede Veränderung vollzieht sich zuerst in unserem Innern.

Symbole, Talismane und Zaubersprüche

Ein Talisman ist ein »magischer Magnet«, der sorgfältig und individuell für einen bestimmten Zweck angefertigt wird. Es kann auch ein natürlicher Gegenstand sein: ein Stein, eine Versteinerung, ein Stück Holz. Wichtig ist, daß dieser Gegenstand für seinen Träger eine Bedeutung hat und damit schützend und glückbringend wirkt. Wenn Sie einen Talisman brauchen, sollten Sie ihn selbst herstellen.

In alter Zeit fertigte man Talismane, indem man bestimmte Zeichen auf einem Stück Holz, Schiefer oder Baumrinde anbrachte. Jede Familie hatte ihre eigenen Zeichen oder Runen. Die Runen waren ursprünglich kleine Ästchen oder Teile von Zweigen mit einer bestimmten Form. Im Laufe der Zeit wurden sie zu den »Lauten« oder »Buchstaben« eines Alphabets. Die Kelten benannten ihre Zeichen nach ganzen Bäumen, Nordeuropäer und Skandinavier machten besonders geformte Zweige zur Grundlage ihres Buchstabensystems. Auch unser heutiges Alphabet enthält Zeichen, die noch die Runenform erkennen lassen, etwa T, Y, I, L, E, F und V. Man kann sich vorstellen, daß man mit etwas Mühe für jeden dieser Buchstaben in der Natur ein passendes Ästchen findet. Später wurden die Zeichen in ein Stück Holz oder in einen flachen Stein geritzt, ursprünglich stets mit ganz geraden Strichen. Erst im Laufe der Zeit wurden besondere Schreibgeräte erfunden, so daß auch die uns heute vertrauten Kurven des O, S, C und R in Gebrauch kamen.

Jeder Magier hatte sein eigenes Symbolsystem für die Kräfte, mit denen er arbeitete. Dazu gehörten auch natürliche Symbole wie etwa das Auge, das oft auf diesen Steinen und Hölzern zu entdecken ist, ebenso Phallus und Uterus, aber auch die Versteinerungen spiralförmiger Schneckengehäuse, Ammoniten, Donnerkeile oder sogenannte »Teufelsfinger« und andere Fossilien. Derartige Symbole sind überall auf der Welt zu finden, ebenso Sonnen- und Mondzeichen, Spiralen, Hakenkreuze, konzentrische Kreise, Zickzack- und Fischgrätmuster. Manche haben eine universelle Bedeutung und geben nur einen allgemeinen Hinweis auf die wirkende Kraft, die man anruft. Tierköpfe wurden ebenfalls als schützende oder magische Symbole gebraucht. Die Markierungen der Steinmetze und Maurer an alten Gebäuden verwenden ebenfalls spezielle Symbole, die an den Namen oder die Familie eines bestimmten Handwerkers erinnern. Sehr oft erscheint hier aber auch das Pentagramm, der fünfzackige Stern, der bei modernen Hexen so beliebt ist.

Das Pentagramm kommt, ebenso wie das Hexagramm (der Stern mit sechs Zacken), auch häufig in Büchern über Magie vor. Man nimmt an, daß das Pentagramm die Menschheit darstellen soll, wenn es so angebracht ist, daß der einzelne Strahl nach oben gerichtet ist. Zeigen dagegen zwei Zacken nach oben, dann ist das ein Hinweis auf das durch einen gehörnten Ziegenbock symbolisierte Tierreich. Das Pentagramm ist ein natürliches Symbol, das sich bei allen Blüten aus der großen Familie der Rosen findet, ebenso im Innern bestimmter Früchte, etwa des Apfels. Es wurde schon immer als beschützendes Sinnbild angesehen, das Glück und Unsterblichkeit bringen soll. Den sechsstrahligen Stern erkennt man in der Natur in jeder Schneeflocke, aber auch in vielen Blüten und Samen. Die Form entsteht durch das Ineinandergreifen eines nach unten gerichteten und eines aufstrebenden Dreiecks. Die Bedeutung des Hexagramms wird unterschiedlich interpretiert, grundsätzlich kann man es als die nach oben drängende Kraft des Wachstums deuten, die sich mit der von oben herabstoßenden Energie des Himmels oder des Kosmos vermischt. In der zeremoniellen Magie, besonders in der Kabbala und ihrem Baum des Lebens, spielt dieses Symbol eine Rolle und ist ein wichtiger Bestandteil bei der Anfertigung eines Talismans. Das Hexagramm erscheint auch als Symbol auf der Fahne des Staates Israel. In der jüdischen Synagoge nimmt es eine ähnliche Stellung ein wie das Kreuz in christlichen Kirchen.

Sehr viel kann man über die Bedeutung von Symbolen lernen, indem man darüber meditiert. Es ist sehr wichtig, daß man das tut, bevor man ein solches Sinnbild trägt. Es wäre töricht, wenn nicht noch schlimmer, ein heiliges Zeichen zu tragen, dessen Bedeutung man nicht ganz versteht. Jedes alte magische Symbol steht für eine starke Kraft. Es ist ein Schlüssel, und man setzt sich seinem Einfluß aus, wenn man es übernimmt, ob man nun weiß, was es bedeutet, oder nicht.

Es gibt Bücher, in denen die Herstellung von Talismanen mit den Siegeln bestimmter Götter und Dämonen beschrieben wird. Für Anfänger ist es jedoch weitaus sicherer, Symbole selbst zu »erfinden« und den Wortlaut von Zaubersprüchen selbst zu formulieren, indem sie sich der eigenen Sprache bedienen und nicht etwas ausprobieren, dessen Kraft sie weder verstehen noch unter Kontrolle halten können. Die Götter sind weise. Sie erhören jedes aufrichtige Gebet und reagieren auf jede vernünftige Bitte, selbst wenn sie in einfachen Worten vorgebracht wird.

Der Zeitpunkt, zu dem man einen Talisman herstellt, kann ebenfalls eine Rolle spielen. Hier kann man sich beispielsweise die Mondphasen zunutze machen, indem man einen Talisman, mit dem man Wachstum bewirken will, zur Zeit des Vollmonds anfertigt, während man einen Talisman zum Zweck einer Verminderung oder eines Rückgangs (beispielsweise einer Erkrankung) lieber bei abnehmendem Mond herstellt.

Machen Sie sich bei der Herstellung eines eigenen Talismans die Entsprechungen zunutze, die Sie selbst gesammelt und in Tafel 2 eingetragen haben. Arbeiten Sie immer nur mit einem Talisman gleichzeitig, und nehmen Sie sich genügend Zeit, über Ihr Anliegen nachzudenken, bevor Sie mit der Arbeit beginnen. Zeichnen Sie den Talisman auf ein Blatt Papier, und achten Sie darauf, daß Sie die Kreise, Quadrate und alle anderen Formen exakt ausführen. Sie können auch eine einfache Bitte in möglichst knappe Worte fassen und auf das Papier schreiben. Anschließend wird der Talisman in ein sauberes Tuch der passenden Farbe gehüllt. Seide eignet sich dafür am besten. Legen Sie den Talisman auf Ihren Altar, wenn Sie einen haben. Sie können ihn aber auch in einem Baum verstecken oder im Garten vergraben. Dann lassen Sie ihn wirken.

Jeder Talisman braucht Zeit, um zu wirken, denn er verwandelt die Natur der Zeit. Genau wie Samen, die man im Garten aussäht, eine ganz bestimmte Zeitspanne brauchen, um aufzugehen, so braucht auch der Talisman Zeit, um seine spezifische Wirkung zu entfalten. Wenn Sie dauernd beobachten, ob der Zauber schon wirkt, zerstören Sie jede Hoffnung auf Erfolg. Wenn man keimende Samenkörner ausgräbt, sterben sie ab. So bleibt auch die Wirkung eines Zaubers aus, wenn man ständig störend eingreift. Das ist ein magisches Gesetz. Vergessen Sie die ganze Angelegenheit, konzentrieren Sie sich auf andere Dinge in der »realen« Welt. Sie haben in der inneren Welt einen Samen ausgelegt, und dort wächst er solange, bis er schließlich zum Blühen kommt. Haben Sie Geduld! Innerhalb von etwa 28 Tagen wirkt jeder Zauber auf irgendeine Weise.

Sobald ein Talisman seine Aufgabe erfüllt hat, wird er verbrannt oder vergraben. Einen Stein kann man auch in fließendes Wasser werfen, damit er zu seinem Ursprung zurückkehren kann.

Versprechen Sie sich nichts davon, einen Talisman von jemandem anfertigen zu lassen. Die Bedürfnisse, Wünsche und Ansichten eines jeden Menschen unterscheiden sich von Ihren eigenen, und ein Zauber entfaltet seine Wirkung immer in erster Linie zugunsten der Personen, die ihn hergestellt hat. Das gilt übrigens für alles, was Sie vielleicht glauben, kaufen zu können: Wissen, Macht, Freundschaft, Liebe und magische Fähigkeiten muß man sich noch immer durch altmodische harte Arbeit selbst verdienen. Es gibt keine Abkürzung, keine »Sonderangebote«, keinen Glücksbringer, der immer und überall wirkt, denn jeder Talisman ist etwas ganz Individuelles. Wenn Ihnen jemand seine Hilfe anbietet, müssen Sie etwas dafür geben: Zeit, Energie oder ein anderes Tauschobjekt. Sie müssen für die Bücher, für den Unterricht oder für die Anleitung bezahlen, doch es wird immer nur soviel sein, wie Sie sich leisten können. Die Götter werden Sie immer mit dem Nötigen versorgen, wenn Sie ihnen Ihre Dienste anbieten, aber auch dann müssen Sie sehr hart arbeiten, um den ersehnten Beistand zu gewinnen.

Tafel 1

Die Entsprechungen der Elemente

Bitte beachten Sie: Diese Liste ist weder vollständig noch endgültig. Es gibt buchstäblich Dutzende von Merkmalen, die man jedem Element zuordnen könnte. Die verschiedenen Autoren setzen unterschiedliche Merkmale ein. Suchen Sie selbst die Ihnen geeignet erscheinenden. Meditieren Sie, und treffen Sie dann Ihr eigene Wahl.

Element	ERDE	WASSER	FEUER	LUFT	GEIST
Richtung	Norden	Westen	Süden	Osten	Mitte
Auf dem Altar	Stein	Wasser	Kerze	Räucherwerk	
Gerät	Pentagramm	Schale	Schwert	Stab	
Tierkreiszeichen	Stier Jungfrau Steinbock	Krebs Fische Skorpion	Löwe Schütze Widder	Zwillinge Waage Wassermann	
Jahreszeit	Winter	Herbst	Sommer	Frühling	
Tageszeit	Mitternacht	Abend	Mittag	Morgen	
Begriff bei C. G. Jung	Fühlen	Empfinden	Intuition	Denken	
Mondphase					
Tier					
Vogel					

Pflanzen	
Gott/Göttin:	
Ägyptisch	
Griechisch	
Römisch	
Keltisch	
Altnordisch	
Art der Weissagung	
Farbe	
Elementarherrscher	
Sinn	
Engel	
Macht	

Ergänzen Sie die Liste laufend durch die Einzelheiten, die Sie bei der Beschäftigung mit den Strukturen des magischen Kreises lernen. »Raten« Sie lieber einmal, als überhaupt keinen Versuch zu machen, die Angaben zu vervollständigen. Achten Sie darauf, jeden Begriff in die richtige Zeile und unter dem zugehörigen Element einzutragen. Lassen Sie Lücken, bis es Ihnen gelingt, sie nach entsprechender Forschung oder Meditation auszufüllen. Die Götter werden Ihnen dabei helfen, wenn Sie still sind und ihnen zuhören!

Tafel 2

Die Entsprechungen der Planeten

Planet	MOND	MARS	MERKUR	JUPITER	VENUS	SATURN	SONNE	ERDE
Tag	Montag	Dienstag	Mittwoch	Donnerstag	Freitag	Samstag	Sonntag	jeder beliebige
Metall	Silber	Eisen	Quecksilber	Zinn	Kupfer	Blei	Gold	jedes davon
Farbe	Weiß	Rot	Hellblau	Königsblau	Grün	Schwarz	Gelb	alle Farben
Edelsteine	Mondstein Perle	Granat Blutstein	Opal Beryll	Amethyst Lapislazuli	Smaragd Peridot	Gagat Onyx	Diamant Bernstein	Achat alle Halbedelsteine
Räucherwerk	Jasmin	Tabak	Styrax	Zeder	Rose	Myrrhe	Weihrauch	Kretischer Diptam
Gott/Göttin:								
Griechisch								
Römisch								
Ägyptisch								

Zahl	9	5	7	3	6	8	1	4
Form	Halbmond zunehmend	Fünfeck	Siebeneck	Dreieck	Sechseck	Achteck	Kreis	Quadrat
Pflanze								
Tier								
Vogel								
Magisches Bild								
Symbol								
Engel								
Tugend								
Macht								

Seit dem Mittelalter wurden von den Autoren viele ganz unterschiedliche Zuordnungen veröffentlicht. Jede gilt für ihre Zeit und für ihr System der Entsprechungen. Untersuchen und vervollständigen Sie diese Tabelle, ergänzen Sie, was für Sie selbst wichtig ist. So beherrscht beispielsweise jeder Planet ein Tierkreiszeichen, ebenso kann man mit Recht jedem der Planeten bestimmte Pflanzen, Düfte, Räucherwerk, Farben und Zahlen zuordnen. Auch dabei gibt es Unterschiede, je nach dem zugrundeliegenden System, also etwa der Kabbala. Manche Systeme, so etwa das der Kelten, sind nicht so gut dokumentiert, als daß deren Götter oder Göttinnen und Symbole ohne weiteres einem Planeten zuzuordnen sind. Hier erfordert es einige Mühe, diese nützliche Tabelle zu vervollständigen und zu erweitern.

Düfte und Sensitivität

»Wenn du unter den Nachtsternen der Wüste meinen Weihrauch vor mir verbrennst, mich mit einem reinen Herzen anrufst und das Schlangenfeuer darin, wirst du ein wenig in meinem Busen liegen.«

Aleister Crowley: Magick Band II

Magie bedeutet Verwandlung, aber gleichzeitig auch die Wahrnehmung und Kontrolle dieser Verwandlung. Je bewußter man zunächst den normalen Zustand der Dinge und danach alle Veränderungen dieser Normalität wahrnimmt, desto besser kann man die Verwandlung kontrollieren. Das alles ist eine Sache der Wahrnehmungsfähigkeit. Sie müssen lernen, Ihre Wahrnehmungen zu kontrollieren, und deshalb ist es notwendig, daß Sie in Ihrem Tagesprogramm genügend Zeit finden, um alle Hinweise auf Veränderungen zu registrieren. Das setzt voraus, daß Sie still sein können und sowohl für die Botschaften der fünf normalen Sinne als auch für die Hunderte von außerordentlichen Sinneswahrnehmungen aufnahmebereit sind. In diesem Zustand der Bereitschaft wird es Ihnen gelingen, jede Strömung zu nutzen, die Ihnen hilft, das zu erreichen, worauf es Ihnen ankommt.

Wir sind heute weitgehend unempfindlich geworden und fühlen kaum mehr, was unsere Seele, unser Herz oder sogar unsere Vernunft sagen. Wir lassen uns von unserer Umwelt und ihren künstlich geschaffenen Bedingungen programmieren. Unser Lebenstempo hat sich derartig beschleunigt, daß wir anscheinend niemals genug Zeit haben, um die Dinge zu tun, die wir eigentlich tun wollen. Dafür vergeuden wir viele Stunden in der Warteschlange vor der Kasse im Supermarkt und im Verkehrsstau. Wir haben die Kontrolle über unser Leben verloren. Das führte zum Verlust unserer Willenskraft, und so ist auch die Magie aus unserem Leben verschwunden.

Es ist nicht leicht, den eigenen Lebensweg wieder in Übereinstimmung mit der Natur zu bringen und auf diese Weise auch die Magie wiederzuentdecken, denn dies ist nicht der Weg der großen Mehrheit. Aber bereits die allerersten Schritte in Richtung eines Lebens mit gesteigerter Wahrnehmungsfähigkeit können ein großer Gewinn sein. Wenn Sie sich bewußt entschließen, diesen Weg zu gehen, werden Sie allmählich sanft in die richtige Richtung geführt. Sie müssen jedoch sehr aufmerksam sein und dafür sorgen, daß Sie jeden Tag, so regelmäßig wie die Sonne aufgeht, etwas Zeit finden, um in Ihre Seele hineinzuhorchen.

Meditation muß nicht unbedingt in statischer Ruhe und absoluter Stille erfolgen. Sie können auch meditieren, während Sie sich ganz bewußt mit etwas Alltäglichem beschäftigen, und Sie können diesen nach innen gerichteten Zustand zusätzlich fördern, beispielsweise durch die Anwendung pflanzlicher Düfte. Heute haben wir die vielfältigsten Möglichkeiten, unsere Atmosphäre mit Wohlgeruch zu erfüllen. Manche Substanzen sind aus ökologischen Gründen besser geeignet als andere. Man kann zum Beispiel auf die altbewährte Methode zurückgreifen, ein natürliches Potpourri aus getrockneten Blüten in einem Gefäß aufzustellen, aber auch einige frische Blumen können ein tristes Zimmer aufhellen und für Inspiration sorgen. Probieren Sie aus, welche Arten von Düften Ihnen zusagen und welche Wirkung Sie bei sich beobachten können.

Die Sprache der Blumen

Mit natürlichen Blumen, ob frisch oder getrocknet, macht man wahrscheinlich stets die besten Erfahrungen. Wenn Sie Blumen kaufen, dann erkundigen Sie sich, wie man sie pflegt, damit sie möglichst lange ihr gutes Aussehen behalten. Bei Rosen sollte man beispielsweise den harten Stiel mehrfach spalten, damit er ausreichend Wasser aufnehmen kann. Wenn man zusätzlich noch etwas Aspirin ins Wasser gibt, halten sie noch länger. Die süß duftenden Gartennelken blühen doppelt so lange, wenn man die Stiele etwas anschneidet und sofort in kohlesäurehaltiges Mineralwasser anstatt in einfaches Leitungswasser stellt.

Wenn Sie die Möglichkeit haben, sollten Sie damit beginnen, selbst auf möglichst natürliche Art Blumen zu ziehen. Samen und Pflanzen guter Qualität haben ihren Preis, doch es lohnt sich, etwas mehr auszugeben und dafür besonders schöne und wohlriechende Blüten zu bekommen. Versuchen Sie nicht, Pflanzen außerhalb ihrer eigentlichen Blütezeit zum Blühen zu bringen. Sie würden keinen rechten Duft entwickeln und nicht sehr lange halten. Informieren Sie sich, in welchem Monat die einzelnen Sorten am schönsten sind, und trocknen Sie zum richtigen Zeitpunkt einige Blüten für ein sogenanntes Potpourri oder als Räucherwerk.

Viele Blüten sind eßbar und geben einem Salat zusätzliche Farbe. Dazu gehören beispielsweise die Blütenblätter der Rose, Ringelblumen und Kapuzinerkresse. Manche Blüten kann man in einer Mischung aus Eiweiß und Puderzucker haltbar machen. Diese kandierten Blüten geben einer Festtagstorte eine besondere Note, sie werden auch als Tischschmuck verwendet. Das alles klingt nicht, als ob es etwas mit Magie zu tun hätte, doch die Sitte, bestimmte Pflanzen wegen ihres Duftes und Aromas zur Dekoration von Speisen zu verwenden, besteht schon seit vielen hundert Jahren. Auch die alten heidnischen Tempel wurden stets mit Blättergirlanden, mit Beeren und Früchten geschmückt, und wer kam, um zu den Göttern und Göttinnen zu beten, brachte als Opfergabe Blumen oder Nahrungsmittel mit. Das zeigt, daß auch derartige Bräuche ein heute vergessener Teil unseres magischen Erbes sind.

Girlanden aus Blüten und Blättern gab es schon lange vor der Zeit der Kreppapier- und Plastikdekorationen. In diesem Zusammenhang ist auch an die alte Kunst des »Well Dressing« zu denken, die man im Norden und Westen Englands kennt. Um eine Quelle herum werden große Flächen mit einer Unterlage aus weicher Erde vorbereitet, und das Bild, das die Quelle später umrahmen soll, wird sorgsam vorgezeichnet. Dann »malt« man das Bild, indem man farbige Blüten, Blätter, Moose, Farne, Beeren und Flechten an die entsprechenden Stellen des vorbereiteten Beetes drückt. Auf diese Weise entsteht ein herrliches Bild, das allerdings nur für die kurze Dauer eines Zeremoniells hält. Es handelt sich hier um einen uralten Brauch, mit dem die Menschen der lebenspendenden Wasserquelle Dank erweisen. Sie können eine solche Zeremonie in kleinerem Maßstab selbst ausprobieren und ein Opferbild oder einen Blütentalisman herstellen, indem Sie ein flaches Tablett oder ein Kuchenblech mit feuchtem Töpferton auslegen, in den Sie die Blüten und so weiter drücken.

Im vorigen Jahrhundert spielte die Blumensprache eine große Rolle. Jedes Blumengebinde und jedes Sträußchen wurde vom Spender mit Bedacht zusammengestellt und vom Empfänger genau untersucht, um die darin enthaltene Botschaft zu entschlüsseln. Rosen bedeuteten natürlich wahre Liebe, die verschiedenen Farben der Blumen konnten ewige Seligkeit oder eine kurze Liebelei andeuten. Blüten, Blätter, Farne und Knospen aller Art zeigten in genauer Abstufung den Grad der Zuneigung an – von reiner Freundschaft bis zu unvergänglicher Leidenschaft.

Pflanzen und Kräuter

Pflanzen oder bestimmte Teile davon wurden in der Naturmagie schon immer gebraucht. Seit frühester Zeit hat die Menschheit Früchte, Stengel, Blätter und Wurzeln als Nahrung, als Medizin, zur Abwehr schädlicher Insekten und zur Heilung von Biß- und anderen Wunden verwendet, gelegentlich aber auch, um den Weg zum Tod abzukürzen und das Sterben zu erleichtern. Wahrscheinlich ist dieses Wissen über die Pflanzengifte die Ursache, daß die Kirche die alten Pflanzenkundigen oder »Hexen«, wie man sie nannte, derart fürchtete. Es gab an jedem Ort einen solchen Experten, der sich in der Pflanzenheilkunde auskannte und in der Lage war, Mittel aller Art zusammenzubrauen, um Schmerzen und Fieber zu lindern und bei Infektionen oder septischen Wunden zu helfen. Man hatte damals keine Alternative, weder einen Arzt noch einen Apotheker oder Tierarzt, der alle die modernen Arzneien, Salben und Tinkturen und die medizinische Versorgung anbieten konnte, die heute für uns selbstverständlich ist. Der alte Medizinmann oder die weise Frau waren in ihrem Dorf hoch geachtet. Man suchte ihren Rat nicht nur, wenn es um die Gesundheit ging, sondern auch in Herzensangelegenheiten. Sie bewahrten das seit Urzeiten mündlich überlieferte Wissen über die natürlichen Substanzen und ihre Heilwirkungen, etwa über die schlaffördernde Eigenschaft bestimmter Kräuter. Diese Weisen kannten die erforderliche Dosierung jeder Pflanze, und wenn jemand so schwer krank oder verletzt war, daß es keine Hoffnung auf Genesung mehr gab, verstanden sie es, einen Trank zu bereiten, der den Schlaf herbeiführte, aus dem es kein Erwachen gibt.

Viele dieser weisen Frauen waren zugleich Hebammen, sie hielten also den Lebensfaden von der Geburt bis zum Tod in ihren Händen. Früher starben viele Frauen bei der

Entbindung, auch die Kindersterblichkeit war außerordentlich hoch. Die Gründe dafür verlieren sich im Dunkel der Geschichte. Die Macht, die die weisen Frauen besaßen, brachte manche in Konflikt mit der Kirche. Es gab auch Priester, die Heilung versprachen, zumeist spirituelle Heilung für anscheinend von Dämonen verursachte Krankheiten, doch im allgemeinen war es die weise Alte, die versuchte, dem leidenden Menschen oder dem kranken Tier zu helfen. Wenn sie sich von Kräften bedroht sah, über die sie keine Kontrolle hatte, dann blieb nur noch die Zuflucht zum Gifttrank, zu Verwünschungen und zum bannenden Fluch, um sich zu wehren.

Meditation in der Bewegung

Der Mensch von heute, der alles »schwarz auf weiß besitzen« will und von der Nachrichtenflut der Medien überschwemmt wird, hat ganz vergessen, daß man sich in den Zeiten, als Fernsehen, Rundfunk und Buchdruck noch nicht erfunden waren, sehr viel mehr vom eigenen Geist und Verstand leiten ließ. Während die Menschen ihren alltäglichen Pflichten nachgingen, waren sie innerlich aufnahmebereit und sammelten alle Informationen. Auf diese Weise konnten ihnen Gedanken, Pläne und Lösungen für die alltäglichen Probleme in aller Ruhe zufließen.

Man braucht etwas Übung, um zu entdecken, daß es sich hier um eine Form der Meditation handelt, die auch für einen modernen Menschen durchaus praktikabel ist und sich mit einer ganzen Reihe von Tätigkeiten kombinieren läßt. Entscheidend dabei ist, daß man lernt, die unproduktive Zeit zwischen anderen Aktivitäten auszufüllen. Wer von sich behauptet, er habe keine Zeit zu meditieren, übersieht all die leeren, ungenutzten Phasen im Laufe eines Tages, die sich zu mehreren Stunden summieren. Man muß sie nur erkennen und zur fruchtbaren Kontemplation nutzen. Es spielt keine Rolle, ob man diesen Vorgang als Meditation bezeichnet oder einfach als Nachdenken, Überlegung, Betrachtung, Tagtraum oder kontemplative Versenkung, wenn man diese müßigen Momente nur sinnvoll ausfüllt. Sie können sich zum Beispiel in Gedanken mit einem Thema beschäftigen, zu dem Ihnen noch Informationen fehlen oder das Sie besser verstehen wollen. Dann lassen Sie Ihre Konzeption auf der Ebene der Wahrnehmung gären und reifen, und Sie werden sehen, daß neue Ideen nur so zu sprudeln beginnen, sobald Sie Ihre Aufmerksamkeit vollständig auf diese Angelegenheit richten. Diese Methode wirkt tatsächlich. Sie wird zu einer Quelle kreativer Gedanken, die zu Erkenntnissen, Inspirationen und schließlich zu Problemlösungen führen. Selbst für schwer zugängliche Probleme können Lösungen gefunden werden, wenn man es dem aufgeschlossenen Geist und wachen Bewußtsein überläßt, sich damit auseinanderzusetzen.

Am Anfang kann es hilfreich sein, für die äußeren Bedingungen zu sorgen, die klaren Ergebnissen förderlich sind. Dazu gehört, daß man sich einen ruhigen Ort sucht, an dem man ungestört ist. Bei entsprechendem Wetter kann man ins Freie gehen. Ein Spaziergang am Bach, ein kleiner Ausflug über Wiesen und Feldwege, ja sogar ein Gang durch die stillen Straßen der Großstadt an einem Sonntag, wenn alle Geschäfte geschlossen sind, kann uns an einen Ort des Friedens und der wohltuenden Beschaulichkeit führen. Ein von Blütenduft erfüllter Park, ein menschenleerer Strand, ein einsamer Busch inmitten grüner Wiesen und Felder – Sie werden überrascht sein, wie viele dieser entspannenden und friedvollen Orte Sie aufspüren können, sobald Sie dafür aufgeschlossen sind und Ihrer Intuition folgen.

Im Haus wird der kontemplative Zustand gefördert, wenn man das Licht bis auf eine einzige Kerzenflamme löscht, entspannende Musik auflegt und wohlriechendes Räucherwerk anzündet. Die Gaben der Mutter Natur sind überall zu finden, wo man ein wenig von den ausgetretenen Wegen abweicht. Dort ist das leise Vogelgezwitscher, das Rauschen des Windes in den Zweigen, das Plätschern des Wassers zu hören, dort atmen wir in tiefen Zügen die reine Energie der frischen Luft ein. Lassen Sie sich von diesen Vorboten neuer Einsichten und geheimer Nachrichten aus Ihrer bedrückenden Umgebung an einen Ort der Weisheit tragen, wo Sie empfänglich werden für die inneren Quellen, für das echte, ungezwungene Gefühl der Freiheit und für die religiöse Wahrnehmung und Verehrung. Je besser es Ihnen gelingt, in Gegenwart der Natur still zu werden, desto weiter öffnen sich Ihre inneren Sinne, unberührt vom Lärm und der Geschäftigkeit des Alltags. Lassen Sie sich ruhig treiben, denn Sie wissen, daß die Kräfte der Natur uns behüten, wenn wir ihnen nur Gelegenheit dazu geben.

Die aus der natürlichen Stille aufsteigenden Ideen sollte man langsam wachsen lassen, bis sie sich im Netz des Bewußtseins fangen, das durch stete Wiederholung des Gelernten unter den bestmöglichen Bedingungen gewebt und ausgespannt wird. Das kann man nicht mit zusammengebissenen Zähnen und grimmiger Entschlossenheit lernen. Mit entspanntem Körper und ruhigem Geist jedoch können wir die schweren Türen zu unserem Innern mühelos öffnen. Versucht man aber, sie gewaltsam aufzubrechen, schließen sie sich möglicherweise so fest, daß sie überhaupt nicht mehr zu bewegen sind. Erst wenn Sie Kontrolle über diese Türen haben und sie sich langsam öffnen, erkennen Sie plötzlich, wie sich fast unmerklich neue Ideen und Einsichten bilden und wie jene subtilen Verbindungen entstehen, die bereits Bekanntes mit dem Samen der Weisheit vereinen. Sie selbst können die Voraussetzungen schaffen, damit dies geschieht. Es dauert seine Zeit, aber wenn Sie geduldig, entspannt und sanft genug sind, wird es gelingen.

Je mehr Zeit Sie auf dem Land oder in der noch nicht von Menschenhand entstellten Natur verbringen, desto mehr werden Sie von den inneren Aspekten Ihres Selbst, von Ihrer angeborenen Natur lernen. Mond und Sonne können uns die Türen zu den medialen Kräften öffnen, die zur Heilung des Selbst und zur Heilung der ganzen Welt beitragen. Wir müssen nur still sein und bereit, die Lehren aufzunehmen, die tief ins Antlitz der Erde eingeschrieben und in jeder Meereswoge verankert sind und die bei Nacht zwischen den Sternen aufblitzen. Die Natur war das Lehrbuch unserer Vorfahren, und die Naturkräfte weisen auch uns unseren Platz im Universum zu.

Natürlich können Sie in klugen Büchern beispielsweise alles über Pflanzen, über ihre Formen und Standorte, über ihre »Tugenden« und Anwendungsmöglichkeiten nachlesen (falls Ihnen Ihre Großeltern das nicht beigebracht haben). Doch kein Buch wird Sie lehren, nach der grüngoldenen Aura zu suchen und sie schließlich auch wahrzunehmen, die mit ihren feinen Energiestrahlen jede Pflanze umgibt und deutlich deren Heilkraft anzeigt. Nur wenn Sie früh am Morgen selbst hinausgehen, auf den Knien über den noch vom Tau feuchten Rasen kriechen, Auge in Auge mit den Pflanzen, wird sich Ihnen ihr wahrer Wert mitteilen.

Pflanzen, Tiere, Wind und Wetter, Sterne und Gezeiten können uns vieles lehren, wenn wir bereit sind, sie als legitime Quellen des Wissens anzusehen und ihren Weisungen Glauben zu schenken. Im Grunde handelt es sich hier um das Erlernen einer Art Körpersprache. Dazu gehört nicht nur, daß man die Beziehungen zwischen den physischen Formen verschiedener Dinge und ihrer Umgebung beobachtet, sondern auch, daß man auf das hört, was der eigene Körper direkt mitteilen will. Tief in uns haben wir alle einen riesigen Datenspeicher, dessen Kapazität die eines jeden Computers übertrifft. Der Zugriff auf alle diese Informationen wird wieder möglich, wenn wir uns richtig darauf einstimmen.

Die Sinne schärfen

Wenn wir unsere Umwelt mit offenen Sinnen betrachten, werden wir bald erkennen, daß die Bilder, Geräusche und Gerüche um uns herum eine starke Aussagekraft haben. Sie lassen nicht nur vergangene Ereignisse wachwerden, sie weisen auch bereits auf künftige Beziehungen hin. Wir können unsere Augen darauf einstellen, durch bewußtes Sehen weitaus mehr wahrzunehmen als das, was der Normalbürger gewöhnlich sieht. Das Gehör wird geschärft, indem man der Stille zuhört. Wer erst einmal die Kopfhörer abnimmt, das Radio ausschaltet und die Stille im Grünen aufsucht, wird Geräusche aller Art hören, die bisher für ihn unbewußt im Hintergrund blieben. Der meditative Zustand wird nicht herbeigeführt oder gefördert, indem man alle Geräusche um sich herum ausschließt, sondern indem man sie vollständig wahrnimmt und gleichzeitig imstande ist, sie zu ignorieren. Wir können nicht die ganze Welt mit ihrem Lärm zum Schweigen bringen, aber wir können uns selbst ganz bewußt dazu erziehen, den Krach zu überhören. Das muß eine bewußte Entscheidung sein, es geht also nicht nur darum, die Dinge in der Hoffnung zu ignorieren, daß sie für uns allmählich ihren störenden Charakter verlieren und uns nicht mehr quälen.

Der Geruchssinn, der heute gewöhnlich kaum mehr eine Rolle spielt (es sei denn bei einer Weinprobe, bei der Zeremonie des Teekostens oder bei der Parfümherstellung), ist ein heftig reagierendes Instrument, das oft tief verschüttete Erinnerungen freisetzt. Der Geruch der

Kreide und des Pausenbrotes oder des aufgewühlten Rasens auf einem Sportplatz kann ein starkes Echo aus der Kindheit und Schulzeit hervorrufen. Der Duft einer bestimmten Blume läßt eine längst vergessene Liebesaffäre oder den Garten eines einst vertrauten Hauses wieder lebendig werden. Schon der leiseste Hauch eines bestimmten Duftes kann überwältigende Erinnerungen an Ereignisse, Orte, Menschen und Dinge auslösen, weil die Nase und die Nervenzellen des Riechzentrums in unmittelbarer Nachbarschaft liegen. Denken Sie einmal nach: Wie oft sind Sie schon eine Straße entlanggegangen und haben auf einmal einen Duft aufgefangen, der eine weit ins Unterbewußtsein abgesunkene Erinnerung wachgerufen hat, die plötzlich erschreckend real war? Ein Duft bringt alles zurück, rückt entschwundene Dinge wieder in den Mittelpunkt des Interesses, man erlebt noch einmal jeden Augenblick der Aufregung, der Angst oder der Freude.

Man hat erkannt, daß Düfte die Eigenschaft haben, das Bewußtsein zu verändern und die Stimmung zu heben. Sie galten zu allen Zeiten als Opfergabe, die von Göttern und Göttinnen hoch geschätzt wurde. Auf Malta hat man Tempel aus der Steinzeit gefunden, deren Altäre noch heute Spuren der wohlriechenden Harze erkennen lassen, die einst dort verbrannt wurden. In vielen Teilen der Welt bildete das Feueropfer, das Verbrennen bestimmter Dinge oder Substanzen zu Ehren der höheren Geister, einen wichtigen Teil der rituellen Anbetung und Danksagung. Selbst heute werden in vielen Kirchen, Heiligtümern und Tempeln bei den Zeremonien Weihrauch, Räucherstäbchen, duftende Blüten und Harze verbrannt. Das geschieht nicht nur, um die Gläubigen mit einem angenehmen Duft zu erfreuen, es stellt vielmehr auch eine Opfergabe für die Gottheit dar und soll die Gebete der Menschen mit dem wohlriechenden Rauch in die Höhe tragen.

Räucherwerk

Wer den Weg der Magie gehen will, muß selbst herausfinden, welche Düfte ihm besonders liegen. In vielen Läden verkauft man spezielle Mischungen verschiedener Duftstoffe, die man auf einer Unterlage aus Holzkohle verbrennt, aber auch Räucherstäbchen und -kegel, die in besonderen Lampen und Gefäßen angezündet werden, und Öle, die man versprüht oder verdunsten läßt. Getrocknete und aromatisierte Blüten und Potpourris verwendet man auch, um die Atmosphäre zu verbessern oder die Konzentration bei magischen Handlungen zu fördern. Man kann ohne weiteres selbst harmonische Mischungen aus verschiedenen aromatischen Stoffen herstellen, die genau zur eigenen Duftnote passen, die eine bestimmte Gottheit oder Macht anziehen sollen oder das Ziel haben, die innere Wahrnehmung so einzustimmen, daß man sich leichter der Weissagung, Heilung oder Meditation öffnet. Nur durch geduldiges Experimentieren finden Sie heraus, was zu Ihnen paßt und was den Menschen in Ihrer Umgebung gefällt. Dieser Punkt ist besonders wichtig, wenn Sie mit anderen zusammenarbeiten. Manche Menschen lieben schwere, starke, rauchige Harze, andere ziehen die leichteren, blumigen Essenzen vor. Bei entsprechenden Gelegenheiten benutzen viele Hölzer und Harze, die einer bestimmten planetarischen Macht zugeschrieben werden, oder sie bevorzugen einen milderen Duft, wenn sie einen entspannten Zustand anstreben und sich um klare innere Sicht und gesteigerte Wahrnehmungsfähigkeit bemühen, wie das etwa beim Kristallsehen erforderlich ist.

Es gibt eine ungeheure Vielfalt entsprechender Produkte, die in guten Geschäften auch einzeln oder in kleinen Mengen zu haben sind. Für den Neuling auf dem Gebiet der Magie ist es am besten, alle nacheinander auszuprobieren, bis er die jeweils individuelle Reaktion beurteilen kann. Gelegentlich kommt es vor, daß der Rauch bestimmter Sorten zum Husten oder Niesen reizt, manche verursachen ein Kratzen im Hals, bei anderen schläft man einfach ein. Die meisten der traditionellen Räucherstäbchen und -kegel bestehen aus Gummiharzen oder Harzen von Wüstenpflanzen, so zum Beispiel Weihrauch (auch Olibanum genannt), Galbanum, Kopal, das Benzoeharz des Fieberstrauchs, Mastix und Myrrhe. Einige kommen aus Arabien, andere werden bis aus Sumatra importiert. Das Geschäft mit Harzen, die man für religiöse Zwecke brauchte, geht bis in die frühesten Zeiten internationaler Handelsbeziehungen der Menschheit zurück. Viele werden aus den Stengeln oder Wurzeln dorniger Sträucher gewonnen, die immer ein wenig an Ferien und Sonne erinnern. Andere erhält man, indem man in den Stamm großer Bäume Kerben schneidet und die austretende Flüssigkeit auffängt. Ebenso wie diese exotischen Harze kann man auch das Harz verschiedener Obstbäume sammeln, etwa von der Kirsche und Pflaume, aber auch vieler Nadelhölzer. Besonders geeignet sind Kiefer, Zeder und Tanne, die auch in Europa wachsen. Duftende Hölzer wie das Sandelholz, das Holz des Apfelbaums, des Guajak- oder Pockholzbaumes und auch wieder der Kiefer kann man fein mahlen oder raspeln und dem Räucherwerk beifügen. Die Stengel von Rosmarin und Lavendel, Lorbeerblätter, Samen der Mohnblume und Kretischer Diptam (eine uralte heilige Pflanze, die bereits in den Tempeln Olympias zu Ehren der Götter verbrannt wurde) haben ebenfalls ihren Platz im Schrank des modernen Magiers. Man sollte jede Sorte für sich in einem dunklen Glas mit Schraubverschluß aufbewahren. Wenn man das Gefäß stets luftdicht verschließt, bleibt der Duft viele Jahre lang erhalten. Schon eine kleine Menge von jeder Sorte reicht für lange Zeit. Ein halber Teelöffel voll, über einem Stück speziell aufbereiteter Holzkohle verteilt, sobald die anfängliche Funkenbildung beim Erhitzen der Kohle abgeschlossen ist, brennt etwa eine halbe bis eine dreiviertel Stunde.

Die meisten der gebräuchlichen Hölzer und Harze sind jeweils einer bestimmten planetarischen Macht zugeordnet. Es lohnt sich, einen Vorrat von wenigstens sechs oder sieben verschiedenen Sorten anzulegen, so daß man etwa bei der Weihe eines Talismans den Symbolgehalt nutzen und die Energie anziehen kann, die das Anliegen dieses Zaubers unterstützt. Wenn Sie eine Liste der planetarischen Entsprechungen anlegen und Tafel 2 auf Seite 114/115 ergänzen, können Sie auch die Hölzer an den entsprechenden Stellen eintragen. Alte Pflanzenbücher, etwa das von Culpeper, geben Hinweise auf die Zuordnung der Pflanzen zu den Planeten. Sie können also Ihre Liste noch erweitern, denn auch viele Kräuter entwickeln beim Verbrennen einen sehr angenehmen Duft. Es gibt allerdings auch solche mit ausgesprochen unangenehmer Wirkung. Finden Sie selbst heraus, wie sich die einzelnen Pflanzen verhalten.

Hier eine Zusammenstellung einiger der am häufigsten verwendeten Substanzen, die als gelblich-braune Kristalle, als Pulver, Späne oder, wie etwa Styrax, in flüssiger Form im Handel sind:

Sonne:
Akaziengummi (Gummiarabikum, wird auch als Bindemittel und Klebstoff verwendet), Zimt, Sandarak, Lorbeer, Rosmarin oder der leicht erhältliche Weihrauch.

Mond:
Kolophonium, Jasmin oder das Holz der Aloe, wenn man die Mondmädchen ansprechen will; Katechu, wenn man sich auf den Aspekt der Hexen bezieht. Den erdverbundenen Diptam oder Styrax kann man ebenfalls für den mütterlichen Mondaspekt verwenden.

Mars:
Drachenblutharz oder der feurige Tragantgummi oder das aromatische Opoponaxharz, sogar bestimmte Arten von Pfeffer, Currygewürz und Cayennepfeffer (Chili). Nehmen Sie davon nur ganz geringe Mengen, beim Verbrennen dieser scharfen Substanzen bekommt man leicht tränende Augen!

Venus:
Benzoeharz, rotes Sandelholz und viele Stoffe, an die man im Zusammenhang mit diesem Planeten sofort denkt: Rosenblätter, Lilien, aber auch andere getrocknete Blüten, die man gern mit der Liebe in Verbindung bringt.

Jupiter:
Ammoniakgummi oder Mastix haben eine gute Wirkung im Zusammenhang mit diesem Planeten. Es gibt viele Pflanzen, die dem Jupiter geweiht sind, auch das Zedernholz.

Merkur:
Weißes Sandelholz und auch wieder der Mastix fördern die Kommunikation und beschleunigen die Übertragung.

Saturn:
Diesem dunklen, restriktiven Planeten erweist man die Ehre, indem man den übelriechenden Stinkasant (auch Asant, Asafoetida oder Teufelsdreck genannt) abbrennt. Vielleicht verwendet man auch Guajakholz, es öffnet das Tor jenseits des Todes.

In Fachgeschäften und über den Versandhandel kann man ein breites Sortiment aromatischer Gewürze, Hölzer, Pflanzen und Stengel, Gummiharze und Harze beziehen. Werfen Sie auch einmal einen Blick in die eigene Küche.

Dort finden Sie wahrscheinlich getrocknete Kräuter und Blätter aller Art, etwa Lorbeerblätter, Zimtrinde, Jasminblüten (die gern als Tee getrunken werden) und viele andere wohlriechende Dinge, die man zusammen mit einem Harz als Grundlage verbrennen kann.

Im Garten sammelt man die holzigen Stengel von Rosmarin, Salbei, Thymian und Minze. Auch Ästchen von einer Lärche, Kiefer oder einem Obstbaum kann man sorgfältig trocknen und dann mahlen oder mit dem Hammer zerkleinern. Wenn im Frühling die Blattknospen der Balsampappel aufspringen, verströmen sie einen köstlichen Duft. Achten Sie einmal beim Spaziergang im Park darauf, dort sind diese schönen Bäume oft zu finden. Sammeln Sie die klebrigen Knospen, und trocknen Sie sie (der Duft sitzt in dem klebrigen Überzug). Man kann sie nicht nur verbrennen, sondern damit auch in einem Duftpotpourri einen reizvollen Effekt erzielen, wenn man warme, würzige Düfte den eher blumigen vorzieht.

Sobald Ihr Geruchssinn geweckt ist, werden Sie überall in Ihrer Umgebung alle möglichen Düfte wahrnehmen, sowohl angenehme als auch unangenehme. Oft sind die besten keineswegs die teuren Parfüms der eleganten Damen, sondern der vertraute Geruch von frisch gebackenem Brot, gemähtem Gras, Leder, unscheinbaren Kräutern, wilden Blumen und Bäumen. Der Duft getrockneter Zitronen- und Orangenschalen, die man wegen ihres Gehalts an ätherischen Ölen auch verbrennen kann, und viele andere Gerüche rufen nicht nur die Vergangenheit wach, sie können uns sogar in ein früheres Leben zurückversetzen, als Menschen und Umwelt für unsere Nasen noch nicht so angenehm waren, wie wir das heute infolge des hohen Standards der Hygiene und der sanitären Einrichtungen gewöhnt sind.

Viele bekannte Gerüche erinnern an die Kindheit. Vielleicht helfen sie uns dabei, wieder jenen Zustand der kindlichen Freiheit des Geistes zu erreichen, in dem alle inneren Reisen Realität sind, alle Drachen Feuer speien und die Träume Wirklichkeit werden. Untersuchen Sie, ob die Gerüche auf dem Lande in Ihnen Erinnerungen an ein früheres Dasein hervorrufen, und ob der Geruch von rostigem Eisen, Leder, rauhem Tweed und Heidekraut schlafende Erinnerungen weckt. Oder erwachen in Ihnen etwa beim Geruch von Pferden und Vieh, nassen Hunden und Adlerfarn, blühendem Weißdorn und Heckenrosen alte Leidenschaften oder seltsame Gefühle? Das alles sind Gerüche, die es bereits in längst vergangener Zeit gab, und derartige Reaktionen könnten ihren Ursprung durchaus in dieser Vergangenheit haben, wenn Sie bereit sind, Ihren heute so beeinträchtigten Sinnen zu trauen. Machen Sie einen Spaziergang im Regen, und riechen Sie die feuchte Erde, stöbern Sie mit dem Fuß im braunen Herbstlaub, ziehen Sie den Duft der Natur aus allen Bäumen und Blättern, Knospen und Blüten tief in sich hinein. Lassen Sie vergessene Erinnerungen und die inneren Sinne des Herzens und der Seele wach werden.

Sensitivität

Auch wenn in früheren Zeiten viele der alten Weisen bei ihrer Arbeit Halluzinogene verwendet haben: Diese Dinge sind gefährlich! Heute sollte kein Magier, keine Hexe und kein Okkultist bei seiner Tätigkeit jemals irgendeine Art von bewußtseinsverändernden Drogen gebrauchen. Magie ist die Kunst, das Bewußtsein zu kontrollieren, und das bedeutet nicht, daß man irgendeiner Substanz oder Situation von einem Augenblick zum anderen vollständig die Kontrolle überläßt. Bei Ritualen wird zwar oft Wein getrunken, doch dabei handelt es sich um einen Becher, der vielleicht eine halbe Flasche Tafelwein enthält, und den teilen sich im allgemeinen etwa sieben bis zwölf Personen. Sobald Sie einmal wahrgenommen haben, welche Bewußtseinsveränderung man bewirkt, indem man die eigenen natürlichen Sinne vollständig einzusetzen lernt, werden Sie auch erkennen, daß man den Genuß von Tabak, Alkohol und Drogen aller Art (oft sogar aus medizinischen Gründen eingenommen) mit ihrer dämpfenden Wirkung reduzieren und schließlich ganz aufgeben kann.

Tabak ist besonders schädlich, da er nicht nur den psychischen Bereich abstumpft, sondern auch den physischen Körper schädigt und Herz-, Lungen- und Kreislauferkrankungen fördert. Der Raucher beeinträchtigt darüber hinaus alle Menschen, die sich in seiner unmittelbaren Nähe befinden. Wenn man beginnt, Verantwortung für die Erde zu übernehmen, dann sorgt man sich auch um die Kinder dieser Erde, ob es sich dabei um Menschen, Pflanzen oder Tiere handelt. Tabak ist dem Mars zugeordnet und steht deshalb auch in Beziehung zu Auseinandersetzungen, Streit und Zorn. Gewiß wird der Tabak auch zur Kontaktaufnahme eingesetzt, wie das etwa die Indianer Amerikas bei ihren Zeremonien und in den Schwitzhütten tun. Doch das ist eine andere Sache und ein Geheimnis, das man in seinem eigenen Licht betrachten muß. Bei der Magie haben wir es mit Kontrolle, Wahrnehmung und Bewußtsein zu tun. Wer sich aber weigert, bewußt wahrzunehmen, welchen Schaden er durch bestimmte Gewohnheiten dem Körper zufügt (Dieser Körper ist immerhin der einzige, der uns für dieses Leben zur Verfügung steht!), ob das durch Rauchen, falsche Ernährung oder zu starken Alkoholkonsum geschieht, der ist ein Narr und sollte lieber nicht mit der Magie herumspielen. Lernen Sie, stets bewußt darauf zu achten, welche Wirkung die Substanzen haben, die Sie essen, trinken oder sonst aufnehmen, ganz gleich, ob es sich um etwas Natürliches handelt und ob Sie sich diesem Einfluß auf eigenen Wunsch aussetzen oder ob andere dafür verantwortlich sind. Ihre Sinne werden Ihnen bald sagen, worauf Sie besser verzichten sollten.

Der gleiche Grundsatz gilt auch für Mischungen aus verschiedenem Räucherwerk, für Parfüms und Luftreiniger. Einige erhalten unangenehme Substanzen, auf die viele Menschen allergisch reagieren und die sogar die Lunge oder die Ozonschicht schädigen. Manche Duftstoffe werden auf grausame Weise von lebenden Tieren gewonnen, das gilt vor allem für den Moschus von den Moschustieren und für den Zibet, eine moschusartige Substanz aus der Drüse der seltenen Zibetkatze. Es gibt synthetische Nachahmungen dieser Düfte, und wer Tiere liebt, sollte alles sorgfältig meiden, was in irgendeiner Beziehung zu ihren Schmerzen und Leiden steht. Pelzmäntel sind ein weiteres Problem, ebenso die Verwendung von Robbenfell, die Verarbeitung von Dachshaar zu Rasierpinseln und so weiter. Überlegen Sie vor jedem Kauf, denn alle diese Wesen gehören zu unserer eigenen magischen Familie. Wir sollten aber auch zu uns selbst nett sein! Behandeln Sie Ihren Körper gut, wecken Sie das Seh- und Hörvermögen, den Geschmacks- und Geruchssinn und das Tastgefühl durch ständiges Üben, so werden Sie zu einem wunderbaren neuen Menschen, Ihr Leben ist erfüllt von Magie, und Sie sind von einer erstaunlichen Vitalität.

Die mediale Wahrnehmung

Wie alle mentalen Meditations- und Visualisierungsübungen so oft wie möglich durchgeführt werden müssen, um die inneren Sinne zu wecken, sollte man auch einige einfache Übungen in das Programm aufnehmen, die helfen, das mediale Wahrnehmungsvermögen zu schärfen. Auch die übersinnlichen Kräfte sind ein wertvolles Werkzeug für den modernen Magier, doch sie müssen, wie alle anderen Fähigkeiten, kontrolliert werden. Es ist zwar eine schöne Sache, wenn man die Atmosphäre oder Stimmung in alten Häusern wahrnehmen kann, aber wenn jemand jedesmal unvermittelt in Ohnmacht fällt, weil er über eine Stelle gegangen ist, an der sich ein schlimmer Verkehrsunfall ereignet hat, sieht es schon ganz anders aus!

Sie müssen eine Art mentales Schlüsselwort oder ein Symbol anwenden, mit dem Sie Ihre Sensitivität aktivieren und auch wieder ausschalten können. Den größten Teil der Zeit sollte diese mediale Fähigkeit um des eigenen mentalen Friedens willen ausgeschaltet sein. Wenn Sie sich zur Meditation hinsetzen und in den zugleich entspannten und bewußten Zustand kommen, sprechen Sie zu sich: »Ich bin jetzt offen für mediale Wahrnehmungen durch das Wort ... (das Symbol ...)« Achten Sie darauf, was Sie fühlen. Vergessen Sie am Ende der Meditation nicht zu sagen: »Ich kehre jetzt zur normalen Wahrnehmungsebene zurück durch das Wort/Symbol ...« Wenn Sie sich mit Weissagung anhand von Karten oder nach einem anderen System beschäftigen, können Sie als Teil der Einstimmung auf diese Ebene ebenfalls das Schlüsselwort sprechen oder das Symbol beschwören, um die Tore der Wahrnehmung zu öffnen. Sie können Ihre Wahrnehmungsfähigkeit nach Erfordernis steigern oder dämpfen, je nachdem, wo Sie sich befinden und was Sie tun. Es hängt allein von Ihrem Willen ab, ob Sie sich einen Augenblick auf das Wort oder Symbol konzentrieren, das diese Fähigkeit in Gang setzt oder abschaltet.

Diese Technik ist besonders nützlich, wenn Sie durch Psychometrie die Geschichte eines bestimmten Objektes untersuchen wollen. Sobald Ihnen eine andere Person den Gegenstand übergibt, sagen Sie das Schlüsselwort. Sofort werden Sie die Geschichte dieses Objekts fühlen, vielleicht auch Informationen über seinen Besitzer, seinen Herkunftsort usw. aufnehmen. Das muß als spontane Reaktion kommen. Es ist nicht gut, wenn man dem Normalbewußtsein Zeit läßt, dazwischenzutreten. Sie müssen augenblicklich zu sprechen beginnen, wenn Sie den Gegenstand berühren, sonst wird, wie bei den meisten Menschen, die rationale Seite des Bewußtseins die Oberhand gewinnen und Mutmaßungen anstellen. Psychometrie hat nichts mit Rätselraten zu tun, es ist eine echte mediale Fähigkeit, über die etwa 90 Prozent aller Menschen bis zu einem gewissen Grad verfügen. Der Naturmagier sollte sich besonders darum bemühen, sie zu üben und zu kontrollieren. Sie werden die Erfahrung machen, daß Ihnen augenblicklich Bilder, Gefühle, Vorstellungen und Gedanken aller Art durch den Sinn gehen, wenn Sie ein Objekt berühren und dabei Ihre medialen Kräfte eingeschaltet haben. Ohne den Versuch zu machen, die Worte säuberlich zu ordnen und in ein System zu bringen, sprechen Sie sofort alles laut aus, was Ihnen einfällt. Es wird der Person, für die Sie dieses »Reading« vornehmen, vielleicht wie ein heilloses Durcheinander vorkommen, und doch ist es weitaus wahrscheinlicher, daß Sie mit dieser Methode genau das Richtige treffen, als wenn Sie sich zuerst um eine gewisse Ordnung bemühen.

Sie können diese Fähigkeit ausprobieren, wenn Sie in ein Antiquitätengeschäft oder auf den Flohmarkt gehen. Beim Berühren der ausgestellten alten Stücke werden Sie erstaunlicherweise eine ganze Menge über deren Geschichte, über frühere Eigentümer oder über den Herkunftsort entdecken. Wenn Sie mit dem Händler über diese Informationen sprechen, ist er unter Umständen in der Lage, Ihre Eindrücke zu bestätigen. Es kann sein, daß es ihn sehr überrascht, was Sie über einen alten Tisch oder ein Bild sagen, das Ihr Interesse geweckt hat. Man kann diese Fähigkeit auch im Museum testen, wenn man die Erlaubnis bekommt, die Ausstellungsstücke zu berühren. An einem solchen Ort besteht allerdings die Gefahr, daß man Informationen über andere Besucher anstatt über das in Frage kommende Objekt aufnimmt.

Diese Art der Wahrnehmungsfähigkeit kann man auch auf natürliche Dinge ausdehnen. In diesem Bereich kommt man zu besonders überraschenden Ergebnissen.

Wenn Sie in sensitiver Stimmung einen Baum berühren, werden Sie sehr viel über seine Kraft, seine persönliche Energieströme und seinen Charakter erfahren. Das gleiche können Sie bei Steinen, Kristallen, ja sogar bei einem ganzen Berg erleben, wenn Sie eine Stelle finden, wo der Mensch noch nicht allzu störend eingegriffen hat. Lernen Sie, besonders auf die Atmosphäre zu achten, in modernen Häusern, in alten Gebäuden, aber auch bei den Menschen, mit denen Sie es täglich zu tun haben. Es ist eine weitaus liebenswürdigere Methode, deren Gefühle auf diese Weise zu ergründen, als taktlose Fragen zu stellen. Nach und nach wird es Ihnen gelingen, Stimmungen, emotionale Zustände und ihnen zugrundeliegende mentale Voraussetzungen auszuloten, die in manchen Fällen so tief verborgen sind, daß sich der Mensch selbst ihrer gar nicht mehr bewußt ist. Durch die Berührung Ihrer Hand können Sie nicht nur Eindrücke aufnehmen, sondern auch freundliche Gedanken, Sympathie, Anteilnahme, Hilfe und Kraft zurückgeben. Ihre wortlose Botschaft sinkt tief ins innerste Bewußtsein des Unglücklichen und wird ihn ermutigen und beruhigen. Das ist durch bloße Worte und konventionelle Gesten niemals zu erreichen.

Empfinden Sie, was die Pflanzen, der Park oder Garten, das Mondlicht, die Vögel und Tiere draußen fühlen. Wenn Sie sich der Mittel der Natur selbst bedienen, werden Sie in wesentlich engeren Kontakt zu den »wilden« Tieren kommen, als Sie es sich je vorstellen konnten. Sie müssen jedoch viel Ruhe und Geduld aufbringen und sich so auf deren Territorium bewegen, daß Sie nicht die geringste

Bedrohung für die Tiere darstellen. Dabei senden Sie ununterbrochen friedvolle und freundliche Gedanken aus. Man kann diese Fertigkeit auch an Haustieren üben und die Gedanken auf eine Katze oder einen Hund konzentrieren. Man ist von ihrer Reaktion oft fasziniert, denn die meisten Tiere sind von Natur aus medial veranlagt und nehmen auf diese Weise übermittelte Informationen genauso wahr wie alles, was sie über das Auge, den Geruchssinn oder durch die Berührung der Schnurrbarthaare erfahren. Anstatt also alberne menschliche Töne von sich zu geben, sollte man lieber ein mentales Schnurren, ein lautloses Bellen oder das Gefühl der Wärme aussenden, um die gewünschte Reaktion zu erreichen. Die gleiche Methode wirkt auch bei kleinen Kindern, probieren Sie es einmal aus. Man kann sogar sanfte Wellen mit der Botschaft »Einschlafen« aussenden und damit ein weinerliches Baby, das nicht schlafen will, mental beruhigen. Die Methode ist auch auf Reisen nützlich, wenn man es im Bahnabteil mit den Sprößlingen fremder Leute zu tun hat. Es kann gelegentlich für alle Fahrgäste in Hörweite eine große Erleichterung sein.

Bemühen Sie sich, die Aufnahmefähigkeit Ihrer Sinne nach besten Kräften zu erweitern, aber lernen Sie auch, diese Fähigkeit sozusagen auf »neutral« zu stellen, wenn es den Umständen nach ratsam erscheint. Lernen Sie, Ihrem sechsten Sinn zu vertrauen – die anderen zwanzig oder mehr werden Sie mit etwas Übung im Laufe der Zeit auch noch entdecken!

Immanente Gottheiten

»Du, der du eins bist, unser Herr im Universum, die Sonne, unser Herr in uns selbst, dessen Name Geheimnis des Geheimnisses ist, höchstes Wesen, dessen Strahlen die Welt erleuchten, der auch der Atem ist, der sogar jeden Gott und den Tod vor dir erzittern läßt – erscheine du glorreich durch das Zeichen des Lichtes auf dem Thron der Sonne.«

Aleister Crowley: Magick Band II

Die erste Voraussetzung für die Beschäftigung mit den Formen des Göttlichen ist, daß wir sie für real halten. Sie sind zwar nichts Physisches wie unser Körper, sie sind unter normalen Umständen auch nicht sichtbar, aber innerhalb ihrer eigenen Bereiche, die gern als andere Dimensionen angesehen werden, sind sie vollkommen real.

Wir kennen eine große Anzahl von Göttern und Göttinnen aus den klassischen Religionen Griechenlands, Roms und Ägyptens. Daneben gibt es jene nebelhaften, geheimnisvollen Wesen, die von den heidnischen Kelten, von den Stämmen im Norden und in vielen anderen Teilen der westlichen Hemisphäre verehrt wurden. Bis heute teilen viele asiatische Religionen und die meisten Stammesvölker überall auf der Erde die Auffassung, daß es viele verschiedene Götter und Göttinnen gibt. Allein die jüdisch-christlichen Religionen und der Islam kennen nur einen einzigen Gott und Vater der Schöpfung, obwohl es auch nach diesen Lehren viele Propheten und Heilige gibt sowie einen Messias, der für die einen Jesus von Nazareth ist, während die anderen noch immer auf ihn warten.

Die religiösen Vorstellungen von Naturmagiern und anderen Anhängern der okkulten Wissenschaften beruht nicht auf irgendeinem Glauben, sondern auf persönlicher Erfahrung. Wenn diese Menschen über die Engel, Götter oder Göttinnen schreiben oder sprechen, mit denen sie arbeiten, dann ist das eine Feststellung von Tatsachen. Diese Wesen sind für sie ebenso real wie der Steuerberater oder der Bankangestellte am Schalter. Sie haben die Realität der Gottheiten, die sie verehren und um Hilfe bitten, selbst erkannt, und diese Erkenntnis haben sie wahrscheinlich erst nach jahrelanger Beschäftigung mit Meditation und durch das Studium von Märchen, Heldensagen und religiösen Texte aus vielen Teilen der Welt gewonnen.

Wir setzen eine zeitlose Tradition fort, die von folgendem Gedanken ausgeht: »Wenn es einen Vater der Schöpfung gab, dann muß es auch eine Mutter gegeben haben, aus der diese Schöpfung hervorging.« Durch die kosmische Vereinigung entstanden alle Lebewesen, und aus diesem Grund sind wir alle miteinander verwandt, ob Mensch, Tier oder Pflanze. Wir alle sind aus dem Staub der Erde hervorgegangen und erst von Göttern oder von der Zeit in lebende Wesen verwandelt worden. Wir alle stehen in Beziehung zu dem Planeten, auf dem wir ebenso wie alle seine übrigen Lebensformen wohnen, denn wir alle bestehen aus dem gleichen Stoff, und nur die individuell unterschiedliche Zusammensetzung verschiedener Chemikalien, Mineralstoffe und organischer Bestandteile macht aus uns entweder einen Menschen, einen Halbaffen mit einem schwarzweiß geringeltem Schwanz, eine Eiche oder ein Kyanit-Kristall.

Wie Sie selbst den Gedanken der Evolution deuten, ist ebenfalls Ihre persönliche Angelegenheit. Es könnte sein, daß bestimmte Witterungseinflüsse auf der Oberfläche der Erde in ihrem Urzustand evolutionäre Veränderungen in Gang setzten, die im Verlauf von Äonen von der ersten

Amöbe (die noch immer existiert, denn da sie sich durch Teilung und nicht durch geschlechtliche Fortpflanzung vermehrt, ist jede neue Amöbe der Klon ihrer Eltern) über die Dinosaurier und andere ausgestorbene Tiere, die wir nur noch als Fossilien kennen, schließlich die Tiere und Pflanzen entstehen ließ, die wir heute in unserer Umgebung sehen. Es kann durchaus sein, daß nur ein Zufall die fühllos brodelnde lebende Materie in den scheinbar intelligenten, die Welt verändernden Menschen verwandelte.

Das ist zwar eine Möglichkeit, sie wird aber von den meisten Anhängern des Okkulten abgelehnt, denn sie haben erkannt, daß die einzelnen Schritte der Schöpfung auf ihrem Weg bis zum heutigen Dasein hier und da eine helfende Hand brauchten. Die Veränderung, die bewirkte, daß einem Dinosaurier tragfähige Flügel wuchsen, die ihn in der Luft hielten, die Entwicklung, die Voraussetzung dafür war, daß lebende Junge zur Welt kommen oder manche Tiere Eier legen und ausbrüten konnten, war ohne Einfluß von außen nicht möglich.

Von Göttern und Helden

Jede entstehende Kultur braucht Götter und Helden. Erinnern wir uns in diesem Zusammenhang etwa an das alte Ägypten, das uns in den Zeugnissen seiner Kultur sehr genaue Darstellungen über das Leben seiner Götter und der Menschen, die sie verehrten, hinterlassen hat. Denken wir auch an die herrlichen Tempel, die heiligen Bezirke und Bauwerke, die zu Ehren der Götter in klassischer Zeit errichtet wurden, und an die eindrucksvollen Ruinen aus noch weiter zurückliegenden Zeiten in Simbabwe, Chaldäa (Babylonien) oder im Industal, aber auch an die Anlage von Stonehenge. Das alles sind heilige Orte, deren Bedeutung die Menschen vergessen haben und deren Inschriften das geheime Wissen noch nicht preisgeben. Wenn wir genau genug hinsehen, können wir ihre Kraft, Bedeutung und Schönheit noch heute wahrnehmen.

Grundsätzlich müssen Sie über einige Theorien nachdenken, die Sie persönlich betreffen. Dazu gehören folgende Fragen: Brauche ich überhaupt einen Gott? Wie kann ich daran glauben, daß es eine Vielzahl von Göttern und Göttinnen gibt, wenn ich nach den Lehren einer Religion erzogen wurde, die nur einen einzigen Gott kennt? Was sind Elementarwesen? Gibt es ein Leben nach dem Tod? Welche Bedeutung hat die Verehrung der Heiligen, die mein Glaube lehrt, und wie steht es mit der Anrufung der Engelkräfte, die die Bücher über Magie beschreiben? Auf welche Weise begegne ich höheren Wesen und wie lerne ich, sie zu verstehen?

Dion Fortune wird oft das Zitat zugeschrieben: »Alle Götter sind ein Gott, alle Göttinnen sind eine Göttin, es gibt nur einen einzigen Urheber.« Das scheint zu besagen, daß alle Götter und Göttinnen gleich und einem großen Schöpfer untertan sind, doch praktisch ist das nicht ganz so. Alle die Götter und Göttinnen, die der erfahrene Magier wahrnimmt und mit denen er arbeitet, sind *real*, sie sind *Einzelwesen*, und sie besitzen ihre eigene *Individualität*. Sie können zwar innerhalb ihrer eigenen Ebene als ein bestimmter Aspekt eines Gottes oder einer Göttin gelten, doch aus der Perspektive und nach dem Verständnis des Menschen sind sie individuelle Wesen, denen man sich stets mit Vorsicht und Ehrerbietung nähern muß.

Zu den häufigsten Mißverständnissen des Neulings, der sich mit den heidnischen Gottheiten beschäftigt, gehört die Annahme, wenn man ein wenig über Isis, ein bißchen von Odin und etwas mehr über Jupiter gehört hat, könne man diese Gottheiten ohne weiteres in einem Ritual vereinen. Doch wenn man das tut, entsteht unweigerlich ein geistiger Wirrwarr, der Fehler und Irrtümer nach sich zieht, denn jedes Pantheon ist eine Welt für sich, die man möglichst genau kennen sollte, bevor man ihre Götter – in der richtigen Sprache und mit dem richtigen Räucherwerk – anruft.

Wenn Sie den Weg der Naturmagie gehen, reduziert sich das Problem bis zu einem gewissen Grad, denn die Gottheiten, mit denen wir es hier zumeist zu tun haben, sind Mutter Erde und ihr Gefährte/Sohn, der Herr der Wildnis. Sie müssen für sich selbst herausfinden, welche klassische Bezeichnungen es für diese beiden göttlichen Gewalten gibt. Vielen ist Pan bekannt, dessen Name im Griechischen soviel wie »ganz« oder »alles« bedeutet. Der griechische Hirtengott, nach Pindar der »Begleiter der Großen Mutter«, war halb Mensch, halb Ziegenbock. Seine Gestalt erscheint in ganz unterschiedlichen Zusammenhängen. In dem bekannten Kinderbuch *Der Wind in den Weiden* von Kenneth Grahame heißt er »Der Pfeifer vor dem Tor zur Dämmerung«, er spielt aber auch in der Science-fiction-Literatur und in manchen Gruselgeschichten eine Rolle.

Das Wort »Panik«, der »panische Schrecken«, ist von Pan abgeleitet. Dieser Begriff weist darauf hin, daß man selbst in unserer zivilisierten Welt Pan nicht unterschätzen sollte. Er ist der Beschützer aller wilden Tiere, ihr Herr und Meister. Er zeigt sich auch heute noch, doch man muß den Mut haben, vor Tagesanbruch allein in die unberührte Wildnis hinauszugehen und sich mit einer geeigneten Opfergabe (Früchte oder Blumen) im leichten Nebel der Morgendämmerung ganz still hinzusetzen und zu warten. Das wilde Pochen des eigenen Herzens läßt den Atem fast stocken, und beim leisesten Rascheln am Boden scheint das Blut in den Adern zu erstarren. Wenn uns plötzlich die doppelte Erregung einer ungeheuren Freude und eines gewaltigen Schreckens zugleich überwältigt, dann wissen wir, daß Pan erscheint. »Horn und Huf des ziegenfüßigen Gottes... Wir sprechen das Zauberwort, das deine Kraft freisetzt: zur Sonnenwende, am Sabbat und an Äquinoktium ...«, so heißt es in einer magischen Beschwörung von Doreen Valiente.

Die Natur ist wild, ihre Kräfte übersteigen unseren Horizont und unser Begriffsvermögen. Wenn wir die alten Künste der Naturmagie wirklich beherrschen wollen, müssen wir die weltabgeschiedenen Plätze, die tiefen Wälder, die verlassenen Küsten und die unzugänglichen Moore aufsuchen. Nur dort können wir diese Naturkräfte noch am eigenen Leib erfahren.

Allzu viele Menschen spielen mit der Vorstellung, ein Magier oder eine Hexe zu sein. Dabei denken sie keinen Moment daran, daß die Kräfte, die sie in der Geborgenheit ihres gewohnten häuslichen Umfelds beschwören, weitaus mehr sind als schöne Worte aus einem Buch. Sie erkennen nicht, daß sie Wind säen und früher oder später Sturm ernten werden, denn das, was der Mensch als göttliche Formen wahrnimmt, sind immanente, zwingende und überwältigende Kräfte. Die Natur sorgt für ihre Kinder, dennoch läßt sie gelegentlich Flut, Sturm, Orkan und Dürre zu. Das sind keine Strafen, die Natur will uns nur daran erinnern, daß wir ihr untertan sind, trotz all unserer Klugheit und der »Fortschritte« unserer Technologie. Auf Wind und Wetter, Ebbe und Flut oder den Lauf der Jahreszeiten haben wir nicht mehr Einfluß als ein kleines Kind.

Elementarwesen

In einigen Büchern über Magie werden die Elementarwesen als wenig vertrauenswürdig, gefährlich und schwierig im Umgang beschrieben. Meist jedoch werden sie überhaupt nicht erwähnt. Eine Ausnahme bildet die umfangreiche kabbalistische Überlieferung. Dort ist die Rede von »Ghob, König der Erde; Nixsa, König des Wassers; Djinn, König des Feuers, und Paralda, König der Luft«. Das sagt uns nicht viel. So mancher hat schon versucht, die Natur der Elementarwesen zu begreifen und wollte mit ihnen Kontakt aufnehmen, doch das geschah gewöhnlich in der Sicherheit des eigenen Hauses, wo Elementarwesen wahrscheinlich kaum zu finden sind. Es ist also kein Wunder, daß ihre Visionen dunkel und unklar blieben und uns kaum weiterhelfen. Denken Sie einmal darüber nach. Der Elementarkönig des Wassers herrscht über alle Gewässer, Seen, Meere und Ströme, über Bäche und Quellen, über die, wie wir bereits festgestellt haben, auch Schutzgöttinnen wachen. Es ist kaum denkbar, daß er sich zeigt, um seine Herrschaft über eine kleine Schüssel Leitungswasser oder einen Becher Wein zu demonstrieren! Das gilt um so mehr, wenn wir ihn herumkommandieren oder erwarten, daß er Partytricks zur Unterhaltung der versammelten Hexen vorführt.

Die Beherrscher der Elemente sind gewaltige Gestalten, zu denen wir normalerweise nur eine ganz vage Beziehung herstellen können. Es sind Wesen einer anderen Dimension, für die andere Maßstäbe gelten. Wenn wir uns auf ihre Ebene begeben und beispielsweise den Herrn der Luft ehrerbietig bitten, uns zu besuchen, damit wir mit ihm Verbindung aufnehmen können, oder damit er uns an einem einsamen luftigen Ort Unterweisung geben kann, dann ist er vielleicht gewillt, dieser Bitte zu entsprechen. Man wird ihn wahrscheinlich auch dann nicht sehen, es sei denn in Gestalt der Wolkenformationen, die hoch oben über den Himmel ziehen. Aber man könnte sehr wohl das Brausen seiner Stimme hören, und wenn wir höflich zuhören, wird er vielleicht unser Lehrer sein. Das Hören ist mit dem Element Luft verbunden, der Tastsinn gehört zur Erde, der Geschmackssinn zum Wasser und das Sehvermögen zum Feuer.

Auch wenn man sich die Elementarwesen als Geister von geringerer Bedeutung denken könnte, sind es immer noch mächtige und oft sehr ausgelassene Wesen eines völlig anderen Systems der Schöpfung als wir selbst. Man sollte sie deshalb niemals aus ihrem eigenen Reich herbeirufen, nur um einen Beweis für ihre Existenz zu erhalten. Man muß schon einen sehr überzeugenden Grund haben, wenn man diese Kräfte beschwört, und man muß dafür einen Ort finden, der an der Grenze zwischen dem eigenen sicheren Bereich und dem Reich des betreffenden Elementarwesens liegt. Die alten Gottheiten sind am besten »zwischen den Welten« anzutreffen. In manchen Büchern über Hexenrituale heißt es denn auch: »Der Kreis ist ein Ort zwischen den Welten.« Das trifft durchaus zu, doch man erzeugt einen solchen Kreis nicht wirklich, wenn man bloß die Worte eines Rituals aus einem Buch vorliest, einige Kerzen anzündet und eine bestimmte Stelle mit Salzwasser besprengt.

»Zwischen den Welten«

Das Ziehen des Kreises ist in der Tat der dramatische und eindrucksvolle Beginn eines jeden Rituals, wodurch eine bestimmte, ganz gewöhnliche irdische Stelle im Raum durch den kontrollierten Willen und die schöpferische Vision des Magiers verändert wird, so daß man sie daraufhin tatsächlich als andersartig empfindet. Es gibt viele Menschen, die sich nur zum Spaß mit derartigen Ritualen beschäftigen und nicht das geringste Gefühl dafür haben, was sie tun und welche Verantwortung damit verbunden ist. Das ist dann nichts weiter als Theater. Um eine Wirkung zu erzielen und den heiligen Kreis wirklich zu einem »Ort zwischen den Welten« zu machen, ist es erforderlich, die bildhafte Vorstellung so stark aufzubauen, daß man tatsächlich sieht: Hier ist ein Kreis, er treibt im Raum, begrenzt durch die Kraft des eigenen Willens. Man darf einen solchen Kreis nicht ziehen und den Elementen weihen und danach ein- und ausgehen, als ob er unsichtbar und überhaupt nicht vorhanden wäre.

Auch Sie selbst müssen sich sozusagen in einen Zustand »zwischen den Welten« versetzen, damit Sie für eine gewisse Zeit ausschließlich die Realität des Kreises, seine Symbolik und das goldene Feuer seiner äußeren Begrenzung wahrnehmen. In diesem Zustand werden Sie ebensowenig einen Schritt über den Flammenkreis hinaus tun, wie Sie über den Rand einer Klippe am Meer treten würden. Am Ende der Zeremonie kostet es einige Zeit und Mühe, den Kreis aus dem Raum wieder in die leere Stelle der alltäglichen Welt einzusetzen, von der wir ihn zeitweise ausgeliehen hatten. Achten Sie darauf, den Ring genau einzupassen! Auch Sie selbst müssen sich wieder umstellen und zum alltäglichen Selbst zurückfinden. Da man den magischen Kreis aus dem Raum der Normalwelt herausnimmt, ist man im allgemeinen vor unwillkommenen Eindringlingen sicher, solange man nicht so dumm ist und alle Bekannten dazu einlädt, dem Ritual von außen zuzusehen, oder gar auf die Idee kommt, die Zeremonie auf einem vielbegangenen Fußweg abzuhalten. Ein magischer Kreis bleibt unversehrt, wenn er richtig und in ehrlicher Absicht gezogen wurde. Niemand wird ihn betreten oder stören, solange man selbst umsichtig und vernünftig handelt. Es klingt vielleicht unwahrscheinlich, aber es ist eine Tatsache: Sogar Sie selbst scheinen für die Vorübergehenden unsichtbar zu sein.

Annäherung an die Götter

Durch Meditation über die verschiedenen Götter und Göttinnen müssen Sie darüber entscheiden, wem Sie sich widmen wollen. Vielleicht greifen Sie die naheliegende

Idee von einem Herrn und einer Herrin der Schöpfung auf, deren Namen Sie selbst festlegen können. Das ist eine sichere Methode, und wenn Sie sie einfach und direkt ansprechen, werden Sie ebenso einfache und direkte Antworten erhalten. Wenn Sie aber ein älteres Pantheon vorziehen, müssen Sie zunächst sehr gründlich Ihre Hausaufgaben machen. Selbst ganz harmlos klingende Gottheiten haben überraschend mächtige Aspekte, die weitaus wirksamer sind, als wir Sterblichen es uns vorstellen können.

Beschäftigen Sie sich eingehend mit den traditionellen Mythen und Sagen des Landes, zu dem die von Ihnen gewählten Götter gehören. Sie müssen lernen, welche Helden es dort gab, welche Menschen in längst vergangenen Zeiten mit den Göttern zusammenwirkten und wer diese Gottheiten selbst gewesen sind. Sie müssen die Namen kennenlernen, die man für sie benutzte, und Sie müssen lernen, welche tatsächliche Bedeutung in bestimmten Bezeichnungen oder Titeln mitschwingt. Die meisten Namen der Götter sind keine ausgesprochenen Eigennamen, sondern eher das, was wir heute ein »Berufsbild« nennen würden. Es ist sehr wichtig, daß man stets ganz genau weiß, wofür jede der Gottheiten verantwortlich ist, welche Beziehungen oder Verwandtschaftsverhältnisse zu anderen Göttern bestehen, welchen Platz sie im gesamten Pantheon einnehmen und auf welche Weise sie zu ihrer Zeit verehrt worden sind.

Die alten Götter sind nicht verschwunden, nur wir selbst haben vergessen, wie man in ihren Olymp, nach Walhalla oder in die Unterwelt gelangt, wohin sich viele zurückgezogen haben, um sich in den Armen von Mutter Erde zu erneuern. Auch viele Helden haben sich in die Dunkelheit tief unten gewagt, um der Erde ihre Schätze abzuringen. Es ist ein Ort, an dem die Zeit aufhört und wo fremdartige Ungeheuer leben. Wenn Sie sich aufmachen, den Spuren der Helden zu folgen, können auch Sie ihnen begegnen. Es erfordert Mut und Tapferkeit, die Götter an ihrem Wohnsitz hoch oben oder in der Tiefe, an den geheimen Orten jenseits des Flusses der Vergessenheit, zu besuchen.

Diesen Weg sind schon viele gegangen. Sie haben die Götter um einen Gefallen gebeten, sie wollten einen Blick in die Zukunft tun, sie wünschten sich Edelsteine oder verlangten nach mehr Wissen. Man kann das alles bekommen, doch es hat seinen Preis. Odin, der nordische Gott der Weisheit, hing neun Tage und Nächte in einem Baum, bis er das Muster der Zweige begriff und darin die Runen erkannte, die wir heute wieder neu entdecken. Hungrig und durstig, gebunden durch den eigenen Willen und verwundet vom eigenen Speer, war er in den Zweigen der Weltenesche gefangen, bis der Baum ihm das Geheimnis der Schrift enthüllte. Genau das beschreibt die traditionelle Art, sich den Göttern zu nähern: Man fastete und betete und zog sich mehrere Tage und Nächte lang in die Einsamkeit zurück oder brachte den Göttern Opfergaben dar.

Beschäftigen Sie sich mit den Sagen und Mythen, von denen Sie sich angezogen fühlen. In den alten Überlieferungen sind die Geheimnisse religiöser Kulte und Initiationsrituale enthalten. Der Held ist zumeist ein Suchender, der aufbricht und seine gewohnte Umwelt verläßt, um einen Schatz zu erringen, ein Ungeheuer zu besiegen, jemanden zu retten und so weiter. Das alles sind allegorische Darstellungen bestimmter Ziele, die auch der moderne Anhänger der Magie anstrebt: die eigenen Kräfte zu ergründen, die mentalen und spirituellen Fähigkeiten zu entwickeln und bestimmte Aspekte des eigenen Wesens zu überwinden. Diese Geschichten sind über viele hundert Jahre erhalten geblieben, weil sie bis heute eine starke Anziehungskraft auf die Menschen ausüben. Ihre uralte Botschaft spricht uns noch immer an. Jeder Mensch muß wählen, wie er seine Beziehung zur Gottheit gestalten will.

Wünscht er sich einen Vatergott traditioneller Art, der von ihm Verehrung und Lobpreisung fordert? Oder liegt ihm eine Gottheit im heidnischen Sinn näher, deren vielfältige Aspekte jeweils als individuelle Götter und Göttinnen Ausdruck finden?

Es ist wichtig, daß Sie eine eigene Einstellung zu den Gottheiten gewinnen. Manche Menschen stellen sich Götter und Göttinnen als eine Art übermenschliche Wesen mit verklärtem Körper und entsprechenden geistigen und spirituellen Eigenschaften vor. Manche verstehen sie als riesige Wesenheiten, die sich über Himmel und Meer ausdehnen. Für andere sehen sie sehr vertraut aus, fast wie ganz normale Menschen, an die wir uns selbstverständlich ohne Scheu wenden, wenn wir Hilfe oder Rat brauchen. Welche Form die Gottheiten für Sie annehmen, ergibt sich aus Ihren eigenen Überlegungen und Meditationen. Es ist auch möglich, sie ohne jede physische Form zu »sehen«, sondern eher als gewaltige Energiefelder, die auf ihre Art wirksam werden. Sie können zum Beispiel bei einem Ritual als große Licht- oder Feuersäulen wahrzunehmen sein, als wirbelnde Dampfwolke, aber auch als nahezu unsichtbare Kraft ohne erkennbare Gestalt.

Es spielt keine Rolle, für welche Form des Göttlichen wir uns entscheiden, jede ist wirksam, aber sie muß stets das Ergebnis unserer Zusammenarbeit mit der von einer bestimmten Gottheit personifizierten Kraft sein. Alle diese göttlichen Wesen können ihre Gestalt verändern. Was wir sehen, ist nur die Gestalt, die wir selbst geschaffen haben, damit die Gottheit sie bewohnt.

Religion verstehen

Jede Religion kann als eine Art Gesetzmäßigkeit zur Organisation des Lebens begriffen werden. Sie beinhaltet aber auch einen eigenen Kodex für Moral, Ethik und Verhalten ihrer Anhänger. Der jüdisch-christliche Kodex wird von Regeln beherrscht, die dem Menschen Grenzen setzen: »Du sollst nicht...« Im Gegensatz dazu scheinen neuere religiöse Varianten einen Lebensstil nach dem Motto »Alles ist erlaubt« zu propagieren. Die Idee der Willensfreiheit wird oft als »Jeder kann tun, was er will« mißverstanden. Der freie Wille ist eine wichtige Grundvoraussetzung der westlichen Magie, und gerade in diesem Zusammenhang kommt das Gegenteil der vorstehenden Behauptung der Wahrheit wesentlich näher. Crowley hat das oft zitierte Wort »Tu, was du willst, sei das ganze Gesetz« von Rabelais übernommen, einem französischen Philosophen des 16. Jahrhunderts; ursprünglich stammte der Ausspruch sogar vom heiligen Augustinus. Das weitverbreitete Mißverständnis besteht darin, daß man annimmt, dieses Du beziehe sich auf den Menschen, aber das ist nicht der Fall. Es ist vielmehr der göttliche Wille, den der Mensch zuerst erforschen und dann erfüllen muß.

Für die meisten Christen ist die Kirche der Ort, den man aufsucht, um mit Gott zu sprechen. Das geschieht zumeist an einem Sonntag, wenn ein besonders dafür ausgebildeter Priester die Gemeinde zum Gebet anleitet, die Kommunion spendet und die religiösen Zeremonien lenkt. Der Weg der Naturmagie ist ganz anders. Hier geht man davon aus, daß jeder Mensch sein eigener Priester und seine eigene Priesterin ist und in direkten, unmittelbaren Kontakt mit Gott oder mit den Göttern und Göttinnen eines bestimmten Pantheons treten kann, wo und wann auch immer dieses Bedürfnis in ihm erwacht. Weder ist dem Naturmagier ein bestimmter Tag der Woche besonders heilig, noch braucht er ein besonderes Gebäude, um sich Gott zu nähern. Oft zieht er es vor, sich draußen im Licht der Sonne oder des Mondes und der Sterne aufzuhalten. Wenn er dort die Augen hebt und zum Himmel schaut, ist alles, was er erblickt, vom Schöpfer direkt geschaffen. In dieser natürlichen Umgebung, inmitten der Bäume, Felsen und Bäche, im Sternenlicht und im Sonnenschein, ist es ihm möglich, dem Schöpfergeist näherzukommen. Hier kann der Wind seine Gebete hören, und der Rauch seiner Opfergaben wird sie sicher in die Höhe tragen.

Es ist aber ebenso wichtig zu erkennen, daß es viele unterschiedliche Möglichkeiten der religiösen Betätigung gibt. Das gilt besonders für den Fall, daß es sich als notwendig erweist, die bisherigen Vorstellungen über dieses Thema völlig neu zu ordnen und zu bewerten. Man wird dabei entdecken, daß es eine ganze Reihe von Aktivitäten gibt, die legitime Aspekte aller Religionen sind, und die man ohne weiteres für sich allein ausführen kann. Dazu gehören etwa die Gebete, die im wesentlichen Bitten um die Erfüllung materieller Wünsche, um Heilung oder um Wissen und Erkenntnis zum Inhalt haben. Außerdem gibt es Gesänge und Dankeshymnen, die man anstimmt, wenn sich etwas Positives ereignet hat oder ein Gebet erhört wurde.

Ein weiterer Aspekt vieler Religionen ist die Kommunion, ein Brauch, bei dem in irgendeiner Form der Priester ein heiliges Mahl mit der Versammlung der Gläubigen teilt. Wenn man allein ist, kann man ein Weinopfer auf der Erde ausgießen und Brotkrumen verstreuen, um die alten Naturgötter oder den Geist der Natur zu ehren.

Wir müssen uns in diesem Zusammenhang auch mit dem Thema Sünde und Vergebung beschäftigen. Hier unterscheiden sich die meisten magischen Schulen sehr stark von der Auslegung des Christentums. Die meisten Magier können die Vorstellung von der »Erbsünde« nicht übernehmen. Sie glauben, daß der Mensch seine Fehler und Vergehen auf der Erde korrigieren muß, in diesem oder in einem anderen Leben. Dunkelheit ist die Abwesenheit von Licht, keine eigene Substanz. Sünde ist die Abwendung von Gott, ein Fehler, vielleicht auch eine vorsätzliche Handlung gegen den Strom der Evolution. Doch einen solchen Fehler kann man oft korrigieren. Die Vergebung muß aus dem eigenen Inneren kommen, als Folge eines Schuldgefühls oder des Schmerzes über das, was man getan hat. Dabei ist es die Aufgabe des Sünders selbst, jeden Fehler im Rahmen der karmischen Gesetze richtigzustellen. Keine Kraft von außen, weder ein Priester noch ein Gott, kann in Ordnung bringen, was der Mensch selbst verpfuscht hat. Nur durch eigene Anstrengung können wir das Gleichgewicht wiederherstellen. Die Gesetze des Karmas sorgen dafür, daß sich niemand vor der Verantwortung drücken oder so tun kann, als ginge ihn das alles gar nichts an.

Verantwortung ist ebenfalls ein unbeugsames Gesetz der Magie. Wer dafür verantwortlich ist, daß die Dinge aus dem Ruder laufen, und sei es auch nur aus Unwissenheit oder Dummheit, der muß dafür sorgen, daß sie wieder in Ordnung gebracht werden. Es gibt keine Entschuldigung. Wir werden nicht von einem strengen Vatergott verurteilt und verdammt, sondern müssen die eigenen Fehler und Missetaten unverhüllt im Licht der Erkenntnis betrachten und dafür bezahlen. Das ist das beste Argument dafür, keinem anderen Menschen Schaden zuzufügen oder ihm unseren Willen aufzuzwingen. Denn wenn der andere verletzt wird, werden wir selbst leiden, und wenn wir uns den Nächsten unterwerfen, wird uns das gleiche geschehen.

Der Magier setzt sehr häufig das Gebet ein, oft gliedert er den Tag durch eine Reihe von Andachten. Es ist eine ausgezeichnete Sache und eine gute Übung, dafür zu sorgen, daß das eigene Leben und die Natur ineinandergreifen wie die Zacken eines Zahnrads. Man sollte jeden Tag bei

Sonnenaufgang, am Mittag und bei Sonnenuntergang einen Augenblick in stiller Kontemplation verbringen und auf diese Weise Markierungen im Tagesablauf setzen. Damit nehmen wir bewußt die dahinschwindenden Stunden, den Ablauf der Jahreszeiten, die eigenen Gedanken und Ziele und die inneren Bedürfnisse wahr und haben Gelegenheit, still unseren Dank auszudrücken. Es dauert nur einen Augenblick, den Kopf zu senken und sich in regelmäßigen Abständen wieder mit der Welt, in der wir leben, in Einklang zu bringen. Man kann diese Andachten auch zu kurzen Meditationen oder kleinen Ritualen erweitern und damit Anfang und Ende eines jeden Tages feiern. Das gibt Gelegenheit, das Ziel und das Erreichte gebührend zu überdenken. Diese Zeit der Harmonisierung können wir aber auch nutzen, um Hilfe, Kraft, Geduld oder Ausdauer zu erbitten, wie es der Augenblick eben erfordert. Derartige Bitten bleiben selten unerhört.

Sie können sich auch mit dem Mond- und Sonnenzyklus verbinden, die Reise der Sonne durch den Tierkreis feierlich begehen oder die Harmonie mit der zunehmenden und abnehmenden Kraft des Mondes herstellen. Es lassen sich zahlreiche Anlässe finden, um viele Tage des Jahres mit einem Zeremoniell, einem Gedanken oder mit sogenannten »Durchgangsriten« zu begehen. Dabei ist es wichtig, daß man weiß, auf welche Weise die subtilen Beziehungen, die uns mit der gewählten Gottheit verbinden, zu fördern und zu bekräftigen sind. Das ist keine Sache des Glaubens und Vertrauens, sondern die Folge der persönlichen Erfahrung, die uns sagt, daß es jemanden gibt, der unsere Bitten hört. Nur die persönliche und individuelle Hingabe erzeugt diese zarte Verbindung zwischen dem Hier und Jetzt und dem Ewigen. Das kann kein Priester und kein anderer Mensch in unserem Namen tun. Wir müssen selbst – dies nur als Beispiel – ins Freie hinausgehen und unter dem Sommerhimmel darum bitten, als Kinder der Erde oder als

Anhänger der Isis angenommen zu werden. Wir müssen selbst auf die Antwort warten und bereit sein, die Konsequenzen für den Rest unseres Lebens zu tragen.

Unsere heilige Mitte

Jeder Mensch trägt von Geburt an einen göttlichen Funken in sich. Wenn wir im Laufe der Zeit diese Verbindung mit dem Schöpfer immer deutlicher erkennen, werden wir Großes erreichen. Jeder ist ein Herrscher in dem von ihm selbst wahrgenommenen Universum. Jeder kann die Zukunft verändern, Kranke heilen, das Schicksal der Menschheit zum Besseren wenden, wenn er nur den Willen, den Mut und die Weisheit besitzt, den richtigen Weg zu gehen. Jeder kann in aller Bescheidenheit erstaunliche Dinge bewirken, indem er den eigenen Willen mit dem Ziel der Evolution in Einklang bringt, sich zum Licht hin bewegt und das Dunkel der Trägheit, des Verfalls, der Lethargie und der Verzweiflung besiegt. Viele Menschen werden erkennen, daß ein Teil unserer Beschäftigung mit den heilenden Kräften in der alltäglichen Welt geschehen muß, daß wir uns physisch mitten unter die Benachteiligten, die Hungernden, die Heimatlosen oder Wahnsinnigen begeben und mit ihnen arbeiten müssen. Andere werden entdecken, daß es Probleme gibt, die nur auf einer anderen Ebene, in der Welt der Götter und Göttinnen der Heilung, des Friedens und der Fülle, gelöst werden können. Mutter Erde ist fruchtbar, sie kann selbst die Wüste wieder zum Blühen bringen, wenn wir ihr nach besten Kräften helfen. Dann entsteht Überfluß, wo Hunger war. Dieses Prinzip gilt gleichermaßen für physische wie für spirituelle Nahrung.

Schon in frühester Zeit haben die Menschen Orte entdeckt, die von sich aus heilig sind. Sie nahmen die Existenz von Geistern, Dryaden, Elementarwesen, Göttern und Göttinnen wahr, die mit bestimmten Orten oder mit gewissen natürlichen Dingen eng verbunden waren. Im Laufe der Zeit fanden die Menschen Möglichkeiten, sich mit diesen Wesen zu verständigen und sie um Hilfe, Heilung, Führung und Inspiration zu bitten. Betrachten Sie die Landschaft um sich herum. Lernen Sie, die Formen der großen Göttinnen wahrzunehmen, die zwischen den grünen Hügeln lagern, erkennen Sie die Gestalten von Wächtern in den Felsen und Baumstämmen, achten Sie auf die Windungen des Wasserlaufs, auf die kleinen Wellen, die sich im leichten Wind kräuseln. Jede Stelle der Natur ist ein heiliges Zentrum und von Lebenskraft erfüllt. In jedem menschlichen Wesen wohnt ein göttlicher Funke, der zur lodernden Flamme himmlischer Herrlichkeit entfacht werden kann.

Jeder einzelne muß wieder seine persönliche Beziehung zum Heiligen in sich und in der Welt entdecken. Wir müssen durch die Anrufung des Selbst, durch die Verbindung mit dem Selbst, mit unserem Schutzengel und mit dem Göttlichen in uns die Pforten der Wahrnehmung öffnen. Wir müssen bereit sein, für die Dinge, auf die es ankommt, zu kämpfen und zu danken. Wir müssen der Schöpfung unsere Zeit und unsere Anstrengung opfern. Diese Erde kann ein Paradies sein, ihre Wunden können geheilt, alle ihre Bewohner ernährt, das Land wieder fruchtbar und reich werden, wenn wir uns dieser Aufgabe auf allen Ebenen mit Hingabe widmen. Als erstes müssen wir die Probleme erkennen, dann müssen wir echte und dauerhafte Lösungen auf der physischen, der mentalen, der spirituellen und auch auf der erhabensten Ebene suchen. Die heiligen Wesen, die immanenten Gottheiten aller Kulturen und aller Pantheons, werden unsere Lehrer sein. Wir müssen ihnen nur zuhören.

Absicht, Plan und Perimeter

Es ist hilfreich, ein persönliches Modell zu entwickeln, das als Rahmen für jede Art von spiritueller Aktivität dienen kann, von der eigenen stillen Meditation bis zu formellen Ritualen mit mehreren Teilnehmern. Jeder einzelne Abschnitt kann aus einer einfachen Affirmation oder Aussage, aber auch aus einem längeren Gebet, einem Gedicht, einem Lied oder einer Invokation bestehen, wobei der Text abwechselnd von verschiedenen Teilnehmern gesprochen wird. Man kann die Worte auch durch mimische Darstellungen oder durch bestimmte Gebärden ersetzen, wie das bei vielen alten Riten der Fall war. Der nicht eingeweihte Beobachter sah in einem solchen Zeremoniell nur eine Art Tanz, lediglich der Eingeweihte erkannte seine tatsächliche Bedeutung. Jede magische oder religiöse Handlung muß eine *Absicht*, einen *Plan* zu ihrer Durchführung und einen *Perimeter* haben, der sich entweder auf die Zeit oder auf den Raum bezieht. Diese Gliederung können Sie etwa einer »Meditation über das Symbol der Rose« oder der »Anrufung der heilenden Kraft der Erdengöttin, um die Wüsten wieder zum Blühen zu bringen« zugrunde legen.

Die *Absicht* bestimmen Sie selbst. Treffen Sie eine einfache, klare Feststellung, die Sie entweder leise oder laut zu Beginn und zum Abschluß sprechen, um für die nötige Konzentration auf das Thema zu sorgen. Der *Plan* ist eine Struktur aus Worten, Bewegungen, Segnungen, Kommunion, Gebet, Weihrauchopfer, Weihen von Talismanen, Meditationen und so weiter. Auch das Ziehen und Schließen des Kreises und eine abschließende Danksagung gehören dazu. Der *Perimeter* ist die Begrenzung, also der konkrete Kreis in der physischen Welt. Wenn Sie ihn einmal um sich herum gezogen und gesegnet haben, muß er so behandelt werden, als sei er aus rotglühendem Stacheldraht, durch den ein Strom von einer Million Volt fließt! Beim Perimeter kann es sich aber auch um einen bestimmten Zeitraum handeln, etwa 15 Minuten für eine Meditation oder neun Tage für eine Novene, worunter man ursprünglich eine neuntägige Andacht mit besonderen Gebeten verstand, die Tag und Nacht fortgeführt wurden. Magische Novenen dauern trotz dieses Namens oft sieben statt neun Tage, wobei jeder Tag einem Planeten gewidmet ist. Der Vorgang selbst ist genau wie bei dem neuntägigen Ritual. Jeder Tag stellt im Prozeß etwa einer rituellen Weihe, einer Heilung oder eines anderen Vorhabens, für das ein solches größeres Unternehmen durchgeführt wird, einen Schritt in Richtung auf das Ziel dar.

Hier ein Beispiel für die Grundstruktur des Planes. Sie kann leicht abgeändert und jedem individuellen Bedürfnis angepaßt werden.

1. Beginnen Sie damit, sich in einen Zustand zu versetzen, in dem Sie sich der eigenen Heiligkeit bewußt werden und erkennen, wer Sie sind. Das kann geschehen, indem Sie ein Gebet zur Selbstsegnung sprechen, eine entsprechende Geste machen oder das magische Gewand anlegen.

2. Ziehen Sie den Kreis, weihen sie jedes Viertel dem entsprechenden Element, zünden Sie eine Kerze an und rufen Sie die höhere Kraft, den Engel oder den Wächter an.

3. Stellen Sie Ihre Absicht klar und unmißverständlich dar.

4. Denken Sie einen Augenblick über das nach, was Sie eben ausgesprochen haben.

5. Führen Sie nun die zeremonielle Handlung, die Segnung, die Anrufung höherer Kräfte, die Weissagung, das Heilritual oder die Selbstinitiation durch.

6. Warten Sie auf eine Reaktion. Vielleicht nutzen Sie die Zeit und brennen noch etwas Räucherwerk an.

7. Feiern Sie die Kommunion in gewohnter Weise.

8. Meditieren Sie noch ein wenig. Überlegen Sie, ob Sie

nichts vergessen haben, was Sie den Gefährten oder den Göttern und Kräften, mit denen Sie arbeiten, deutlich machen sollten.

9. Sagen Sie ganz bewußt und aus vollem Herzen »Dankeschön«.

10. Mit einem abschließenden Gedanken überprüfen Sie, ob Sie alles getan haben, was zu Ihrer Absicht gehört. Noch immer sind Reaktionen in Form von Worten, Symbolen, Inspirationen und so weiter zu erwarten.

11. Lösen Sie den Kreis ganz langsam auf, achten Sie darauf, daß jedes Viertel mit Dank bedacht und gewürdigt wird. Löschen Sie die Kerzen.

12. Stellen Sie noch einmal fest und ruhig die Absicht dar. Wenn Sie eine Antwort erhalten haben, sprechen Sie sie aus. Erweisen Sie allen Wesen, deren Hilfe Sie erbeten haben, Dankbarkeit und Ehrerbietung.

13. Machen Sie im Innern des Kreises Ordnung, ziehen Sie das magische Selbst zurück, legen Sie das magische Gewand ab, verteilen Sie die Asche des Räucherwerks und die Reste und Krumen der Kommunion auf der Erde. Spülen Sie die geweihten Gefäße und räumen Sie sie auf, hängen Sie die Gewänder weg, machen Sie eine Eintragung in Ihrem magischen Tagebuch und notieren Sie Zeit, Ort und Gegenstand der Zeremonie. Später schreiben Sie die Resultate dazu. Trinken Sie zum Abschluß noch eine Tasse Tee oder einen Fruchtsaft, essen Sie eine Kleinigkeit, am besten etwas Obst, damit Sie wieder ins »normale« Leben finden.

Es lohnt sich, die einzelnen Schritte des Planes für sich herauszuschreiben und zu ergänzen. Führen Sie unter jedem Punkt auf, was Sie zu tun haben, was von Ihnen oder einem anderen Teilnehmer zu sprechen ist, welche Gegenstände (etwa Kerzen, Wein, Korkenzieher, Streichhölzer und so weiter) für die einzelnen Schritte bereitzulegen sind, denn wenn der Kreis einmal geweiht ist, können Sie nichts mehr von außen hineinholen. Notfalls müssen Sie das Fehlende markieren. Sie können das Ritual dem jeweiligen Bedürfnis anpassen, also etwa ein Dankfest oder ein jahreszeitlich bedingtes Fest oder einen einfachen Selbstheilungsritus gestalten, vorausgesetzt, Sie denken dabei immer daran, was Sie tun und warum Sie es tun, und Sie handeln aufrichtig und mit Ehrerbietung.

Jeder Ort kann zu einem heiligen Ort werden, jedes Wort kann heilig sein. Die Gottheiten werden Ihnen helfen, wenn es einen guten Grund dafür gibt, und deren Macht ist grenzenlos. Lernen Sie, Ihre Intuition zu gebrauchen, danken sie spontan und stimmen Sie sich täglich einige Male auf die ewigen Kräfte der Natur ein. Ihr Leben wird eine ganz neue Qualität erhalten. Inspiration, Führung und Weisheit werden Ihnen auf eine Art und Weise zufließen, wie Sie es sich bis jetzt nicht vorstellen können, welcher religiösen Richtung Sie auch angehören. »Bittet, dann wird euch gegeben; suchet, dann werdet ihr finden; klopft an, dann wird euch aufgetan.«

Jahreszeiten, Zyklen und Feste

»Die Rituale sollen richtig durchgeführt werden mit Freude und Schönheit! Es gibt Rituale der Elemente und Feste der Zeiten ... Ein Fest für das höchste Ritual und ein Fest für den Equinox der Götter. Ein Fest für Feuer und ein Fest für Wasser. Ein Fest für Leben und ein größeres Fest für Tod! Ein Fest jeden Tag in eurem Herzen in der Freude meines Entzückens!

Aleister Crowley: Magick Band II

Unser Leben ist ärmer geworden. Wir finden kaum noch Zugang zu unserem magischen Erbe und haben vergessen, wie man die Freuden und Höhepunkte des Lebens feiert. Natürlich freuen wir uns über die religiösen und nationalen Gedenktage, die die Gleichförmigkeit des Berufsalltags unterbrechen. Doch zumeist sind sie für uns kein Anlaß, wirklich ein feierliches Fest zu gestalten. Man benutzt diese Tage vielmehr dazu, Verwandte zu besuchen, das Wohnzimmer zu tapezieren oder die kleinen Dinge zu erledigen, für die an den normalen Wochenenden nicht genügend Zeit ist. Die zwölf Rauhnächte um die Weihnachtszeit werden heute auf fast vier Monate ausgedehnt, und wenn der Heilige Abend wirklich da ist, sind wir der Weihnachtslieder und Choräle längst überdrüssig, die aus jedem Lautsprecher erschallten. Wir wollen nichts mehr von den Botschaften hören, die das Fernsehen seit Wochen verbreitet, und wir können die Geschäfte mit den strahlenden Lichtern und dem teuren Flitterkram nicht mehr sehen, der nach wenigen Tagen vergessen ist oder zumindest seinen Glanz einbüßt. Wir müssen unsere Feste neu überdenken und ihnen ihre ursprüngliche Bedeutung zurückgeben.

In früheren Tagen wurde das Leben der Menschen ausschließlich vom Kalender der Natur, von den Mondphasen, dem Sonnenzyklus und den Jahreszeiten bestimmt. Heute werden wir vom Wecker angetrieben, wir sind an Fahrpläne gebunden, wir müssen uns bei der Arbeit, bei der Erholung, beim Schlafen und auch bei allen Vergnügungen an den von Menschen künstlich geschaffenen Zeittakt von Stunden und Minuten halten. Längst sind die Zeiten vorbei, da der Mensch arbeitete, solange es das Licht der Sonne erlaubte, seine Tätigkeiten im Rhythmus der Jahreszeiten wechselten, und er sich zurückzog und ausruhte wie die Bäume und alle Lebewesen, die noch nach den Naturgesetzen leben, wenn die Dunkelheit des Winters über dem Land liegt. Jetzt ist unsere angeborene Fähigkeit, eine enge Verbindung mit der Welt um uns einzugehen, sehr stark beeinträchtigt. Die Zeit ist unser Feind geworden. Saturn oder Chronos, der Herr der Zeit, sollte unser Freund und Helfer sein, aber aufgrund unserer falschen Maßstäbe ist er zu einer Gestalt geworden, die wir fürchten wie den Tod, anstatt daß wir uns an ihn wenden und er seine ursprüngliche Funktion, Grenzen festzusetzen und zu kontrollieren, erfüllen kann. Wir schauen wie gebannt auf die grausame Sense des Saturn, doch wir nutzen seine Beständigkeit nicht als stabile Grundlage des sich unaufhörlich wandelnden Lebens.

Die Zeit vergeht, und natürlich ist das schon immer so gewesen. Die Menschen werden alt, sterben und kommen wahrscheinlich viele Male auf diese Welt zurück, während im Buch der Geschichte immer neue Seiten aufgeschlagen werden. Die Mönche in den Klöstern waren die ersten, die sich der Fessel der Uhr unterwarfen. Von der Prim über die Terz, die None und so weiter bis zum Komplet bestimmten die offiziellen Gebetsstunden den Tagesablauf, und die Glocken riefen Mönche und Nonnen überall in den Klöstern der gesamten Christenheit zusammen. Der Prozeß der Reglementierung begann mit einfachen, natürlichen Zeitmessern. Sonnenuhren, Wasseruhren und Kerzen zeigten die Stunden und Tage an und zerlegten sie in kleine Abschnitte. Das gemeine Volk hatte keineswegs das Bedürfnis nach einer solchen Zeiteinteilung. Im Sommer stand man mit der Sonne auf, man aß, wenn man hungrig war (oder wenn man etwas für den Kochtopf gefangen hatte), und man schlief, wenn man müde oder es zum Arbeiten zu dunkel wurde. Doch mit der Zeit regelten die Glockenzeichen jedes Leben, und an die Stelle von Freiheit und Zeitlosigkeit traten streng voneinander getrennte Zeiten für Arbeit, Ruhe und Spiel.

Ähnliches geschah mit dem Jahresablauf, als die von Mutter Natur vorgegebenen Feste den Regeln der Kirche unterworfen wurden. Man legte die Daten bestimmter Ereignisse nach einem Kalender fest, den Könige und Päpste der ganzen damals bekannten Welt diktierten. Die alten Feste hatte man abgehalten, wenn ein Anlaß zum Feiern gegeben war, etwa wenn man sich über die eingebrachte Ernte, das Ende des Winters oder die Geburt der Lämmer freuen konnte. Heute kommen viele Anhänger moderner heidnischer Kulte regelmäßig zum Hexensabbat zusammen, dabei haben sie nicht die geringste Ahnung, was die Natur selbst ihren Kindern zu bieten hätte. Natürlich ist es gut zu wissen, wann das Fest Imbolc oder Samhein ist. Doch die Kenntnis von Terminen hat wenig Zweck, wenn man nicht mit dem Herzen dabei sein kann, weil das Gefühl für das Land und seinen Reichtum verlorengegangen ist.

Wir müssen wieder in Einklang mit den tatsächlichen Jahreszeiten leben und dürfen nicht blind einem Kalender folgen, der dazu geschaffen wurde, für Harmonie der Glieder der Kirche untereinander zu sorgen. Wir sollten uns solange mit den Symbolen und Gebräuchen beschäftigen, die mit jedem Fest verbunden sind, bis uns dieser Tag wirklich etwas bedeutet, sei es persönlich oder als Mitglied einer Glaubensgemeinschaft. Was haben Schokoladeneier, Häschen, Küken und gelbe Narzissen mit dem grausamen Tod und der Auferstehung Christi zu tun? Natürlich nicht sehr viel. Es sind aber starke heidnische Symbole für die im Frühling wiederkehrende Lebenskraft. Daran erinnert bis zum heutigen Tag das deutsche Wort Ostern und das englische *easter*. Man nimmt an, daß diese Bezeichnungen auf eine germanische Frühlingsgöttin mit dem Namen Ostara, altenglisch *Eostrae*, zurückzuführen ist. In anderen Sprachen wird eher ein Zusammenhang zwischen diesem Fest und der Passion deutlich, so heißt etwa im Französischen das Osterfest *Pâques*.

Der Frühling

In Britannien wurde das heidnische Fest der Frühlingsgöttin um die Zeit des Äquinoktiums gegen Ende März mit bemalten und verzierten Eiern gefeiert. Die Eier waren das Symbol des wiederkehrenden Lebens. Auch der Hase spielte eine Rolle, nicht aber das Kaninchen. Er war der Mondgöttin geweiht und wurde selten gegessen, weil man glaubte, daß Hexen sich in Hasen verwandeln, wenn sie eine andere Gestalt annehmen. Dieser Glaube geht auf den Zeugen eines solchen heidnischen Rituals zurück. Als man ihn nämlich fragte, wen er gesehen habe, antwortete er: »Es spielten nur einige Hasen auf dem Feld«, wohl eine Notlüge, um Freunde oder die Familie zu schützen.

Auch die mit einem Kreuz gekennzeichneten runden Osterbrote oder die in England besonders am Karfreitag gegessenen Kreuzbrötchen haben eine heidnische Bedeutung. Das Kreuzzeichen innerhalb eines Kreises stellt für den Astrologen, dessen Wissenschaft ja weitaus älter ist als das Christentum, den Planeten Erde dar. Dieses Symbol bezieht sich auch auf die vier Himmelsrichtungen, die vier Elemente, die vier Jahreszeiten und so weiter. Damit wird es zu einem magischen Talisman, der für Gleichgewicht und Harmonie sorgt, wenn die Sonne ihre Reise um den Tierkreis von neuem beginnt.

Jede der vier Jahreszeiten, die jeweils durch uralte Feste voneinander abgegrenzt sind, ist mit einer besonderen Kraft verbunden. Sobald Sie empfänglich für die natürlichen Rhythmen des Jahres geworden sind, werden Sie das selbst deutlich wahrnehmen. Der Frühling ist die Zeit der *Aussaat*, das ist leicht nachzuvollziehen. Nach dem Winterschlaf wird alles wieder frisch und grün. (Das gilt natürlich nur für die nördliche Hemisphäre, auf der südlichen Erdhälfte sind jeweils die gegenteiligen Verhältnisse anzutreffen.) Es ist eine Zeit der Ausdehnung und Entwicklung. In dieser Zeit werden die im Winter entworfenen Pläne ausgeführt. Die Dinge kommen ans Tageslicht. Es ist die Zeit, um neue Kleider anzuziehen. Man freut sich an den ersten Blumen im Garten, im Wald und auf den Wiesen. Die Menschen drängt es ins Freie, man will reisen, alte Freundschaften erneuern, neue Beziehungen anknüpfen. Man sucht nach Möglichkeiten, gemeinsam mit anderen den Zauber des Neuanfangs zu feiern.

Der Sommer

Der Sommer ist die Zeit des *Wachsens*, des Reifens und der Erfüllung der Versprechungen des Frühlings. Es ist aber auch eine Zeit der Vollendung und des Opfers. In England gibt es ein altes Volkslied über die Gestalt des John Barleycorn (das Wort *barleycorn* bedeutet Gerstenkorn, es ist auch ein altes Längenmaß). Darin wird erzählt, wie die Gerste, die Verkörperung aller Helden, wächst und geschnitten, getrocknet, gereinigt, geröstet und schließlich zu Gerstenmalz und Bier verarbeitet wird. Der König ist tot, lang lebe der König! Er wird symbolisch getötet, damit sein physischer Körper, das Getreidekorn, den Menschen ernähren kann. Vielen der bis in uralte Zeiten zurückgehenden Erntebräuche liegt die Idee zugrunde, daß ein König sterben muß, sein Körper aber bewahrt wird und, wenn auch nicht nach drei Tagen, so doch nach einem halben Jahr, also im nächsten Frühling, wieder aufersteht. Die Rituale der Erntezeit sind zum einen Teil der Trauer um den Sonnengott Lugh gewidmet, dessen Licht immer schwächer wird und die Tage kürzer werden läßt. Zum anderen Teil gelten sie der eingebrachten Ernte, die der Sommer den Menschen geschenkt hat. Jetzt ist die Zeit, auch im persönlichen Bereich einmal auf das Erreichte zurückzublicken.

Der Herbst

Als nächstes kommt die Zeit der *Reife und Ernte*, die Zeit, um sich nach innen zu wenden, und die Zeit des Feierns. Früchte, Oliven und Trauben werden geerntet, in den wärmeren Ländern keltern die Winzer den neuen Wein. Früher war es die große Zeit gemeinschaftlicher Feste und harter gemeinsamer Arbeit. Diese Zusammenarbeit war notwendig, damit man von allen Nahrungsmitteln soviel wie möglich zusammentragen und speichern konnte, um die langen Wintermonate zu überstehen. Jeder Apfel wurde sorgsam eingesammelt, jede Ähre von den Weizen-, Gersten-, Hafer- und Roggenfeldern aufgelesen, denn alles wurde für das kommende Jahr gebraucht. Man schüttelte noch die letzte Olive auf die unter den Bäumen ausgebreiteten Tücher, um daraus das dunkle Öl zu pressen oder die Früchte einzulegen. Wenn nicht jedes einzelne Mitglied der Gemeinschaft bereitwillig und fleißig mitarbeitete, konnte etwas verderben oder vom Vieh gefressen werden, ehe man es sicher in den Scheunen und Vorratskammern verstaut hatte.

Der Herbst ist die magische Zeit für ein großes Dankesfest. Sobald die anstrengende Erntearbeit abgeschlossen, das Vieh in die Winterquartiere gebracht und einige sorgfältig ausgesuchte Tiere geschlachtet und das Fleisch für den Winter eingesalzen, geräuchert oder gepökelt war, feierte man. Dabei kamen die Fleischstücke auf den Tisch, die man nicht aufheben konnte, und das Blut und die Innereien wurden zu Wurst und anderen Gerichten verarbeitet, für die es in allen Regionen eigene Rezepte gab.

Der Winter

Die letzte Jahreszeit ist der *Reinigung* gewidmet. Sie dauert vom Julfest bis zur Frühlingstagundnachtgleiche. Die Natur schläft und hüllt das Land in eine weiße Schneedecke. Die Bäume sind kahl, der Regen sorgt dafür, daß sich die Flüsse füllen, und der Wind reinigt die Atmosphäre. Es ist die Zeit des Nachdenkens und Planens. Man zieht Bilanz, was erreicht wurde und welche unerledigten Arbeiten ohne weiteres eingestellt werden können. Man entscheidet, was gereinigt und instandgesetzt und was weggeworfen wird. In dieser Zeit befreien wir uns von manchem, was unser Leben belastet.

Wenn die hellen Lichter des Weihnachtsfestes gelöscht sind, kommen die kurzen Tage der dunklen Zeit. Der Februar ist trist, jeder sehnt sich nach der Sonne. In dieser Jahreszeit sterben viele Menschen, die Depression ist weit verbreitet, in den Medien scheinen Tod und Verderben überhandzunehmen. Das alles sind natürliche Reaktionen auf die kurzen Tage, auf das unangenehme Wetter und, vor allem in früherer Zeit, auf den Vitaminmangel, denn die Ernährung bestand im Winter vorwiegend aus Brot, hartem Käse und Bier. Wir können das Gefühl der Depression teilweise dadurch überwinden, daß wir jeden Augenblick nutzen und ins Freie gehen, wenn die Sonne einmal scheint, oder zumindest das Tageslicht genießen. Wir können auch dagegen angehen, indem wir zusätzlich Vitamin D und A einnehmen; es ist vor allem im Fischöl, besonders im Heilbutt- oder Dorschlebertran, enthalten. Manchmal hilft es schon, wenn man sich klarmacht, daß dieses Gefühl nichts anderes ist als die natürliche Reaktion eines Lebewesens auf die Winterzeit.

Einstimmung auf die Jahreszeiten

Sobald es Ihnen gelingt, sich auf die wechselnden Jahreszeiten einzustellen, werden Sie erkennen, welche Kräfte im Leben des Menschen wirksam sind. Sie fühlen sich niedergeschlagen oder schwermütig? Wenn Sie wissen, daß es an der Jahreszeit liegen kann, ist das nicht länger das unheimliche Problem, das Ihr Leben zu zerstören droht. Ende März wird sich alles zum Besseren wenden, dann werden die Tage merklich länger. Wenn der Sommer kommt, macht sich in allen Dingen eine gewisse Fortentwicklung bemerkbar, alles scheint zu wachsen und zu blühen und verspricht reiche Ernte. Im Herbst reifen die Früchte der früheren Aktivitäten, und wenn im Winter jede Bewegung langsamer wird, sollte das befriedigende Gefühl entstehen, daß eine Aufgabe gut gelöst und abgeschlossen wurde. Jetzt ist deutlich zu erkennen, was Ihnen die Bemühungen des ganzen Jahres auf physischem, mentalen, und magischem Gebiet gebracht, welche Ernte Sie eingefahren haben. Vergessen Sie dabei nicht die Weiterentwicklung des theoretischen Wissens und die Fortschritte in den praktischen Fertigkeiten!

Die magischen Kräfte brauchen, genau wie jeder Baum, Zeit zur Entwicklung. Man kann das Wachstum einer Eiche nicht beschleunigen und ebensowenig die Entfaltung der wahren Willensfreiheit. Es bleibt nichts anderes, als Geduld zu üben und sich den Wechsel der Zeiten zunutze zu machen, indem man bereitwillig sät und erntet und sich immer wieder von den Dingen trennt, die abgeschlossen sind, um für die Weiterentwicklung im nächsten Jahr frei zu werden.

In der Phase der Reinigung sollte jeder bereit sein, seine Schulden zu bezahlen und alte Rechnungen zu begleichen. Manchmal hat es den Anschein, als ob um diese Zeit die Dinge leicht außer Kontrolle geraten. Freundschaften gehen zu Ende, bisher geliebte Gegenstände gehen verloren oder zerbrechen. Für viele ist es eine sehr traurige Zeit, denn Menschen verschwinden für immer aus unserem Leben, halbfertige Projekte werden zu Ruinen, Liebesbeziehungen werden abgebrochen, der Tod nimmt uns Menschen, die wir geliebt und verehrt haben.

Jedes Jahr besteht aus vier Hauptabschnitten. Am Beginn oder Ende einer jeden Phase steht ein Fest. Manche richten sich nach den alten Naturgottheiten; sie feiern den Lebenszyklus der Erdengöttin mit ihrem Gefährten, dem Sonnengott, der zugleich ihr Sohn und Geliebter ist. Andere gehen nach dem Sonnenjahr mit den Äquinoktien und den Sonnenwenden, also den Tagen, an denen die Sonne jeweils in einen neuen Abschnitt des Tierkreises eintritt. Viele Menschen beginnen das Jahr an ihrem eigenen Geburtstag, die meisten wohl am offiziellen Neujahrstag im Januar, um die Zeit der Wintersonnenwende. Nach dem jüdischen Kalender beginnt das Jahr im September, das chinesische Neujahrsfest ist im Februar, und der Anfang des Sonnenjahres liegt im März. Auf jeden Fall spielt es nicht nur eine Rolle, wann für uns das Jahr beginnt, sondern auch auf welche Weise wir die Zeiten und Anlässe hervorheben, die uns und unserer Familie etwas bedeuten, oder wie die Menschen, mit denen wir zusammenleben, alljährlich den Tag begehen wollen, der die zwölf Kalendermonate oder die fast dreizehn Mondmonate eines Jahres vom nächsten trennt.

Wenn Sie wirklich den alten Weg der Naturmagie gehen, müssen Sie auf die Mond- und Sonnenzeiten und auf die natürlichen Festzeiten achten, die sich oft von den offiziellen Daten des heute gebräuchlichen Kalenders unterscheiden. Sie werden erkennen, daß die Natur recht launenhaft ist. Der Frühling erscheint früher oder später, die Erntezeit ist von Ort zu Ort verschieden und hängt natürlich auch von der unterschiedlichen Bodennutzung ab. In der einen Region wird vor allem Weizen angebaut, an anderer Stelle stehen Mais, Obst, Trauben oder Oliven im Vordergrund. In manchen Gebieten spielen Vieh, Fisch, Wild oder Wasservögel eine Rolle, auch dafür gibt es jeweils eine Hauptsaison und eine Schonzeit. Sie können als Termin für Ihre eigenen Feste Geburtstage oder sonstige Jahrestage der Familie wählen, Sie können auch in Ihrer Gemeinde anregen, sich wieder auf traditionelle Feste zu besinnen und den Tag eines lokalen Schutzpatrons oder Helden festlich zu begehen. In vielen Gegenden lebt heute das Interesse an alten Sitten und Gebräuchen, an Volkstänzen und Volksfesten wieder auf. Sie haben zumeist einen kirchlichen Ursprung, können sich aber auch auf eine Quelle, einen Brunnen oder dergleichen beziehen. Es hat sich gezeigt, daß derartige Ereignisse heute wieder gern gemeinsam gefeiert werden. Nebenbei ziehen sie auch Touristen und Besucher an, helfen, eine auseinanderstrebende Gemeinde zu vereinen, und ermutigen junge Menschen, sich wieder zu den alten Festen zusammenzufinden.

Wenn Sie in einer Großstadt oder in einem dichtbebauten Gebiet wohnen und Ihren Weg allein gehen, müssen Sie andere Formen finden, um Ihre eigenen Rituale und Feste im Jahreskreis zu gestalten. Das können ganz unterschiedliche Unternehmungen sein, etwa die Einladung von Freunden zu einem Essen, ein Picknick mit einigen Kindern an einer schönen Stelle in der Natur jeweils an einem der von Ihnen bestimmten Festtage, aber auch die Errichtung eines kleinen Altars im Garten oder, wenn es gar nicht anders geht, in der Wohnung. Sie brauchen nicht besonders zu betonen, daß es sich um heidnische Feste handelt, wenn Ihnen dieser Gedanke unangenehm ist. Sie sollten auch niemals versuchen, Ihre Gäste mit Geheimwissen zu beeindrucken. Wenn Sie die Speisen und Getränke und auch die Tischdekoration mit Bedacht wählen, ist das für den Eingeweihten Hinweis genug, daß es sich nicht um eine gewöhnliche Geburtstagsparty handelt.

Die alten Kelten haben nicht nur ihre Schriftzeichen nach den Bäumen benannt, sondern auch die Monate. Die Meinungen gehen auseinander, welche unserer heutigen Monatsnamen mit den keltischen übereinstimmen. Man ist sich nicht einmal einig, welcher als der erste Monat des Jahres galt. Viele Wissenschaftler gehen davon aus, daß das keltische Jahr um den November begann. Außerdem nimmt man an, daß die Kelten einen Mondkalender mit dreizehn Monaten hatten. Das könnte auch eine Anregung für Ihren eigenen Kalender sein, wenn Sie sich ein System aufbauen wollen, in das Sie im Laufe der Zeit größere und kunstvoller gestaltete Feste einfügen können.

Gehören Sie bereits zu einer Gruppe, die bestimmte Sabbatfeste oder andere Feiertage einhält, steht Ihnen natürlich eine Fülle von Material zur Verfügung. Es schadet nie, wenn man über ein jahreszeitlich bedingtes oder ein anderes Fest genau Bescheid weiß. Viele machen bei solchen Gruppen mit, ohne daß sie die geringste Ahnung haben, worum es bei den Festen überhaupt geht. In der Welt der Magie sollte man sich aber nie auf etwas einlassen, was man nicht versteht. Wissen ist Macht, und ohne das erforderliche Wissen hat kein Ritual den gewünschten Erfolg. Sogar ein so deutlich definiertes Fest wie Halloween, der vor allem in England und den USA vielfach mit übermütigen Bräuchen gefeierte Abend vor Allerheiligen, kann unheimliche Assoziationen hervorrufen, wenn man nicht weiß, was damit gemeint ist und welche Aspekte der Erdengöttin zu dieser Zeit angesprochen werden.

Die beste Zeit für jeden Neubeginn und jede Erneuerung ist wahrscheinlich der Neumond. Diese Tage sollten Sie nicht nur in Ihrem magischen Tagebuch notieren, Sie sollten es auch als einen persönlichen Akt der Hingabe an Mutter Natur betrachten, unmittelbar nach Sonnenuntergang hinauszugehen und nach dem Neumond Ausschau zu halten, der tief am westlichen Horizont erscheint. Das dauert nur einen kurzen Augenblick und beweist Ihre Aufmerksamkeit. Das gleiche gilt für das erste Viertel, wenn der Mond wie ein großes D aussieht, für den Vollmond, der später in der Nacht aufgeht, und für das letzte Viertel, das erst nach Mitternacht sichtbar ist. Informieren Sie sich darüber, warum sich die Aufgangszeiten jede Nacht ein wenig verschieben, und lernen Sie, die Mondphase mit einem Blick zu erfassen. Das geschieht natürlich am besten draußen in der Natur.

In alten Bauernkalendern findet man oft originelle Bezeichnungen für die Mondmonate. Sie können den Monaten aber auch eigene Namen geben, vielleicht denken Sie dabei an das in der Regel vorherrschende Wetter, an die Blütezeit bestimmter Pflanzen, an die Rückkehr und den Abflug von Zugvögeln, an bestimmte Tiere, an die Geburtstage der Familienmitglieder und an andere Familienfeste. Alle selbst angefertigten, entworfenen oder gestalteten magischen Dinge, ob es sich um ein Fest, einen Talisman oder ein Gewand handelt, entwickeln eine wesentlich stärkere Kraft als alles, was andere geschaffen haben. Der eigene Wille muß bestimmen, was und zu welchem Zeitpunkt etwas geschieht. Nur wenn Sie sich erlauben, eigene Entscheidungen zu treffen und dabei auch gelegentlich Fehler zu machen, wachsen Wissen und Selbstvertrauen. Irrtümer, Fehler und Pannen stellen wichtige Lernprozesse dar, man sollte keine Angst davor haben. Nur wer überhaupt nichts tut, wird auch niemals einen Fehler machen.

Sie finden sicher geeignete Namen für den Neumond eines jeden Monats im Jahresablauf. Wenn Sie beispielsweise im November beginnen, könnte der Neumond *Mond des fallenden Laubes* heißen. Im Dezember wäre der Name *Mond des ersten Frostes*, im Januar *Schneemond*, im Februar *Lichter Frühlingsmond*, im März *Sturmmond*, im April *Mond des Blütenregens*, im Mai *Mond der weißen Dame*, im Juni mit seinen langen Tagen *Sonnenscheinmond*, im Juli *Monat des Klatschmohns*, im August, wenn das Getreide reif wird, *Mond des Windes im Weizenfeld*. Der September ist traditionell der *Erntemond* und der Oktober schließlich der *Jagdmond*, obwohl die beiden letzten Namen eher die Vollmond- als die Neumondphase bezeichnen.

Diese Stichworte stammen aus dem südlichen Teil Englands, für andere Gebiete muß man sich nach den jeweiligen Wetterbedingungen richten. Natürlich werden trotz aller Bemühungen die Namen nicht immer stimmen, denn es gibt von Jahr zu Jahr große Wetterschwankungen. Wenn in Ihrer Region das spezifische Wettergeschehen einigermaßen stabil ist, suchen Sie nach eigenen Bezeichnungen. Man sieht sie oft in altmodischen Bauernkalendern, auf alten Rechnungen, Listen und Verzeichnissen, auch bei den herumziehenden Zigeunern kann man eigene Kalender finden, die als Grundlage für unsere Arbeit geeignet sind. Stellen Sie selbst Nachforschungen an. Die meisten Bibliotheken besitzen Bücher über dieses Thema. Vielleicht entdecken Sie Feste und Feierlichkeiten, die sich auf die nähere Umgebung Ihres Wohnorts beziehen. Alte Landkarten zeigen oft noch Brunnen, Quellen, frühere Fahrwege, Feld- und Gemarkungsnamen, Grenzsteine und vieles mehr an, womit wiederum Rituale oder Gebräuche verbunden sind.

Achten Sie in diesem Zusammenhang auf die Namen der Plätze am Ort, sie können sich auf Jahrmärkte oder Messen beziehen, die früher jährlich einmal abgehalten wurden, wenn man das Vieh verkaufte und die Landarbeiter sich verdingten. Es gab Pferdemärkte, Märkte für Hornvieh, den Gänsemarkt, Erdbeermarkt und so weiter. Oft wurden im Rahmen des allgemeinen Verkaufs von Tieren oder landwirtschaftlichen Produkten Pferderennen, Wettbewerbe aller Art, Vorführungen von Handwerkern und ähnliches veranstaltet. Dazu briet man einen Ochsen am Spieß, und an den Ständen wurde Bier und Apfelwein in ungeheuren Mengen ausgeschenkt. Manche Volkslieder erinnern noch heute daran. In den Archiven ist eine Fülle von Material über das alte Brauchtum versteckt, man muß es nur ausgraben.

Allein werden Sie wahrscheinlich nicht viel ausrichten, um diese alten Feste wieder an die Öffentlichkeit zu bringen. Sie können aber die traditionellen Rezepte für Gebäck und Obstwein, für einen besonderen Braten oder eine Käsespezialität der Region ausprobieren. Es gibt das ganze Jahr über Dutzende von Speisen und Spezialitäten, die man zum Gedenken an die Freigebigkeit von Mutter Natur oder zur Erinnerung an traditionelle Festtage genießt. Das reicht vom englischen Weihnachtspudding und dem Dresdner Christstollen über Osterbrot und Osterfladen, Fastnachtskrapfen und anderem Schmalzgebäck bis zu den Schwäbischen Seelen und dem Zwiebelkuchen im Herbst.

Es gibt dicke Bücher mit den Rezepten solcher kulinarischen Genüsse, die man ausprobieren sollte.

Stellen Sie fest, ob es in Ihrer Nähe für die Jahreszeit typische Veranstaltungen gibt, die noch etwas vom magischen Ursprung erkennen lassen. Das könnten etwa Mai-, See- oder Sommernachtsfeste sein, Reitturniere, das Segnen von Booten und Netzen der Fischer und ähnliches. Solche Feste bewahren halbvergessene Fragmente uralter Rituale, zu denen unsere Ahnen von weither zusammengekommen sind, um die Natur und die Gaben der Jahreszeiten zu feiern. An vielen Orten Europas zündet man auch noch die Sonnwend- und andere Freudenfeuer an, man veranstaltet Wettläufe und Prozessionen mit heidnischem oder christlichem Hintergrund. Den heutigen Gebräuchen liegen alte, kraftvolle Zeremonien zugrunde. Wenn man erst einmal weiß, wonach man suchen muß, und wenn die Sinne dafür geschärft sind, werden die ursprünglichen Wurzeln wieder sichtbar.

Alte Feste

Wenn Sie die alten heidnischen Feste feiern wollen, wie das viele moderne Hexen tun, haben Sie nach dem älteren Kalender jedes Jahr acht- bis neunmal Gelegenheit dazu. Vielleicht können Sie nur eine Ecke in der Wohnung mit den Symbolen der Jahreszeit, etwa mit Blüten und frischem Grün, schmücken. Möglicherweise finden Sie auch einen etwas größeren Bereich im Haus oder draußen, den Sie als »Altar« einrichten können. Das muß nicht unbedingt der übliche Tisch sein, auch ein Blumenbeet, eine Figur oder ein hübsch angelegter Futterplatz für die Vögel kann zum Mittelpunkt der Naturverehrung werden. Vielleicht können Sie ein Rondell mit weißen Kieselsteinen oder Muscheln eingrenzen und auf diese Weise einen bleibenden magischen Kreis bilden. Im Laufe des Jahres bewegen Sie sich mit der Sonne um diesen Kreis, wie es früher die Anhänger der Naturreligion getan haben. Jedes Fest ist mit einer Richtung oder Kompaßstellung verbunden, und man spürt zu diesen Zeiten deutlich einen ganz eigenen Energiestrom. Es ist, als ob sich das Energiemuster der Erde mit den Monaten veränderte.

Wenn Sie um die Mittwinterzeit beginnen, konzentrieren Sie sich auf den Norden. Es ist die Zeit der Wiederkunft der Sonne, des göttlichen Sohnes der Mutter Erde, der in der längsten Nacht des Jahres in einer Höhle geboren wurde. Viele kennen den Brauch, das Haus mit Stechpalmenzweigen zu schmücken, sie sind mit ihren grünen Blättern und scharlachroten Beeren seit alter Zeit ein Symbol für das Wunder des Lebens. Man verwendet auch Efeukranken, ein Hinweis auf die verbindende Kraft der Mutter Erde, die alles zusammenfügt. Der geschmückte Weihnachtsbaum ist eine moderne Entwicklung aus alten Wurzeln, er ist den Menschen im Norden seit langem heilig. Heute schmückt man ihn mit Kerzen, Lametta und allerlei Figuren und Früchten. Auch der Tannenbaum ist ein traditionelles Symbol für das wiederkehrende Leben in der winterlichen Dunkelheit. Der Engel an seiner Spitze ist die Herrin der Erde, die jungfräuliche Mutter eines göttlichen Kindes, die Gottesmutter oder Mutter Erde, ganz wie Sie wollen.

Das Fest, das heute sehr oft nicht mehr beachtet wird, ist Epiphanias, der Tag der Heiligen Drei Könige, der an die drei Magier erinnert, die die Sterne richtig gedeutet hatten und dem neugeborenen Jesus die magischen Gaben Gold, Weihrauch und Myrrhe brachten. Eine Entsprechung finden wir in einem alten heidnischen Brauch in Britannien, bei dem es um die Große Göttin und ihren Sohn, den Sonnenhelden, geht. Die Mutter bringt ihm die Symbole der Magie, der Priesterschaft und des Königtums. Es sind die gleichen, die die drei Weisen dem Jesusknaben darboten: Gold für die irdische Macht, Weihrauch für die himmlische Macht und Myrrhe als Zeichen des künftigen Opfers. In der traditionellen heidnischen Zeremonie stellt ein junger Mann den Sonnengott und eine ältere Frau seine Mutter dar. Mancherorts wird ein besonderer Kuchen gebacken, er ist oben mit einem Kreuz verziert, innen sind verschiedene Zeichen versteckt, für die Männer auf der einen, für die Frauen auf der anderen Seite. Auf diese Weise bestimmt das Los, wer die einzelnen Rollen des rituellen Spiels übernehmen muß. Die Göttin sorgt dafür, daß jeder das ihm zustehende Symbol in seinem Kuchenstück findet.

Das nächste heidnische Fest wird Anfang Februar gefeiert. Es ist Lichtmeß oder das Fest der heiligen Brigitte, der christlichen Form der heidnischen Brigid, der Göttin der Wasserquellen. In Irland und an anderen Stellen ist es Brauch, daß die Frauen eines Ortes zu ihren Ehren einen Platz neben dem Herd mit bunten Bändern und Tüchern und mit den ersten Frühlingsblumen, meist sind es Schneeglöckchen und Veilchen, schmücken. Nacheinander verbeugt sich jede vor der Göttin und bittet um ihre Gegenwart. Dann gießt man als Opfer etwas Wein, Milch oder Quellwasser aus und erbittet den Segen für das kommende Jahr. Danach haben auch die Männer Zutritt zu »Bride's Bed«, sie müssen dafür mit einer symbolischen Gabe, etwa einem Tannenzapfen, einer kleinen Münze oder einem Kuß bezahlen. Auch sie bringen ein Opfer und bitten um die Gunst der Göttin.

Nachdem jeder seine Bitte ausgesprochen hat, stellt man Kerzen so auf, daß sie einen Stern bilden, und zündet sie zu Ehren des Sternenkindes, des Sohnes der Göttin, an. Heute nimmt man zu diesem Zweck meist kleine Nacht- oder Teelichter, weil sie relativ sicher sind. Früher steckte man lange Wachskerzen in die festgestampfte Erde des Fußbodens oder in eine mit Erde gefüllte Schale.

In einer anderen Version dieses Rituals stellt ein junges Mädchen die jungfräuliche Muttergottheit dar. Sie ist ganz in Schwarz gekleidet und trägt einen weiten Mantel mit Kapuze. Wenn sie das Zimmer betritt, sagt ihr jeder der Anwesenden leise seine Wünsche oder Bedürfnisse. Man gießt auch ein Trankopfer aus und stellt kleine Sträuße mit selbstgepflückten frischen Blumen auf. Nach der Begrüßung legt sie den dunklen Mantel ab, darunter trägt sie ein hellgrünes oder weißes Gewand. In den Händen hält sie eine Schale mit Blumen und einer brennenden Kerze, die unter dem Mantel versteckt war. Sie ist das Symbol für das ewige Licht. Alle im Raum verteilten Kerzen werden an dieser Flamme entzündet.

Als nächstes wird gewöhnlich die Frühlings-Tagundnachtgleiche am 21. März gefeiert. (Der tatsächliche Termin bei allen diesen Festen kann sich um ein bis zwei Tage verschieben.) In früheren Zeiten war dies der Termin für die Aussaat. Es ist die Hauptblütezeit vieler Frühlingsblumen. In unseren Breiten sind das vor allem gelbe Blüten, sie scheinen den Sonnengott zu ehren. Etwa um die Zeit des Marienfestes (Mariä Verkündigung ist am 25. März, genau 9 Monate vor Weihnachten) ist dieser bereit, seine Männlichkeit unter Beweis zu stellen. Nachdem er seinen Weg durch den Tierkreis abgeschlossen hat, bricht er auf in die Welt, um mit dem Speer, dem Symbol seiner Macht, für die Göttin zu kämpfen, die ihm Mutter und Geliebte ist. Oft wird an diesem Tag ein Teil des Saatgutes gesegnet. Vor der Aussaat vermischt man es mit dem übrigen Getreide. Nun ist es Zeit, den Sonnenaufgang des Jahreslaufes zu grüßen und nach Osten zu blicken.

Anfang Mai kann man den Maifeiertag begehen, allerdings nur, wenn der Weißdorn tatsächlich in Blüte steht. Dieser Tag ist in vielen Ländern zu einer Art Nationalfeiertag geworden. *Beltane*, das alte keltische Fest der Sonne und des Lebens, bezeichnete den Beginn der Sommerzeit.

Vor der Reformation gehörten in vielen Dörfern allerlei wilde Gebräuche zum Maifest, außerdem trug man Grün, ein Symbol der Erdengöttin, weil man glaubte, sonst das ganze Jahr vom Unglück verfolgt zu werden. Aus dem gleichen Grund wurden an diesem einen Tag blühende Weißdornzweige mit ihrem süßen Duft im Haus aufgestellt, sie sind sonst tabu. Eine Maikönigin wird gewählt, meist ein junges Mädchen voll Anmut, Schönheit und Charme. Sie fährt auf einem blumengeschmückten Wagen durch die Straßen, in ihrer Begleitung zeigen sich Robin Hood oder der Mann in Grün, der heidnische Naturgott in einer seiner Masken. Tänze um den Maibaum mit den farbigen Bändern stellen die Verbindung zwischen der Kraft der steigenden Sonne und dem Boden her. Es ist die Zeit der Hochzeiten und Lustbarkeiten. In früherer Zeit war die Braut meist bereits schwanger, wenn sie heiratete, genau wie die Erdengöttin! Beim Ritual ist die Darstellerin der Göttin verkleidet und tritt in Gestalt einer Hirschkuh auf, die von der männlichen Naturgottheit in Gestalt eines Jägers durch den Wald gejagt wird, bis er sie unter den Zweigen eines blühenden Weißdorns einholt und wieder ins Dorf zurückbringt. Dort feiern sie Vermählung, indem sie gemeinsam über ein Freudenfeuer springen. Die Himmelsrichtung für dieses Ritual ist der Südosten. Es findet in den frühen Morgenstunden statt.

Freudenfeuer spielen eine wichtige Rolle. Man entzündet sie im Mai, um Kräuter zu verbrennen, die das Vieh reinigen und schützen sollten, ehe es den Sommer über auf das offene Weideland getrieben wurde. Dieses Ritual war zum einen Bestandteil einer magischen Handlung, zum anderen aber auch der Versuch einer Gesundheitsvorsorge. Das Vieh wurde bei dieser Gelegenheit auch vom Eigentümer mit einem Brandzeichen markiert. Die jüngeren Leute waren die nächsten sechs Monate damit beschäftigt, den Tieren auf der Suche nach guten Weidegründen über die Berge und Hügel zu folgen, während man auf den tiefergelegenen Wiesen das Heu mähte und die fruchtbaren Felder bestellte. Die Viehhirten bauten sich einfache Hütten aus Ästen und Zweigen oder lebten den Sommer über in Höhlen. Des Nachts sorgte so manche hübsche Schäferin dafür, daß sie es warm hatten. Da sich die Frauen nach dem keltischen Gesetz ihre Gefährten selbst wählten, lag es allein an ihnen, wem sie ihre Gunst schenkten.

Mittsommer, die kürzeste Nacht des Jahres, war die Zeit für Aktivitäten im Freien. Das Einbringen von Heu und Torf, die Sorge um das Grünfutter, das Scheren der Schafe, die Arbeit auf den Feldern und an den Obstbäumen, das Unkrautjäten, das alles hatte die Tage seit dem Maifest ausgefüllt. Die Sommersonnenwende bot die erste Gelegenheit, nach der harten Arbeit einmal zu feiern. Es gibt viele alte Gebräuche, bei denen die Freudenfeuer der Mittsommernacht im Mittelpunkt stehen. Bis heute werden solche Feuer in Cornwall angezündet, man tanzt auf den Straßen, veranstaltet Gartenfeste, Dorffeste und Sportfeste. Es ist Zeit, dem Sonnengott zu danken, dessen Gesicht über der Arbeit des letzten halben Jahres leuchtete. Es ist aber auch die Gelegenheit, ihn ein wenig anzuspornen, wenn sein Licht allzu oft von Wolken verhangen war oder wenn Dauerregen vom Himmel fiel.

Die heilige Richtung ist der Süden, die Zeit des Mittags. Jetzt verströmt die Sonne heilende Kraft. Die langen hellen Abende verlocken dazu, durchs Land zu streifen, die Bäume im vollen Laub zu genießen und die vielen wildwachsenden Blumen kennenzulernen, die sich dank der Bemühungen der Ökologen wieder in reicherem Maße zeigen. Es gibt viele Höfe und Obstplantagen, wo man selbst einen Vorrat an Beeren und Früchten pflücken und die schönsten Gemüse, oft aus biologisch-dynamischem Anbau, selbst auswählen darf. Auf manchen Bauernhöfen haben die Kinder Gelegenheit, mit Kühen, Schafen, Ziegen und Pferden in Kontakt zu kommen und selbst zu sehen, woher die Milch, der Käse und die Wolle stammen. Obwohl derartige Begegnungen nicht mehr die Folge einer natürlichen Beziehung sind, sondern speziell organisiert werden müssen, bieten sie zumindest genügend Informationen zu einem besseren Verständnis jener uralten Prozesse, die die Menschen mit ihrem Land verbinden, und vermitteln eine Ahnung davon, wie stark beide voneinander abhängig sind.

Um die Zeit des Lammasfestes, das früher in England am 1. August gefeiert wurde (im katholischen Jahreskreis ist es der Tag von Petri Kettenfeier), gibt es Kirchweih und Jahrmarkt, das erste Getreide wird eingefahren, vor allem Weizen, Hafer und Gerste. Dieses Fest drückt zugleich Freude und Trauer aus. Das Korn ist geschnitten, es wird zu Mehl gemahlen oder zu Malz geröstet. Es gibt in diesem Zusammenhang viele alte Sitten und Gebräuche, die man heute wieder aufnimmt. Man fertigt beispielsweise Strohpuppen an, die die Lebenskraft der Sonne einfangen und erhalten sollen, bis wieder die Zeit der Aussaat gekommen ist. Die Anfertigung dieser Puppen unterscheidet sich von Ort zu Ort. Meist werden die Strohbüschel mit roten Bändern zusammengebunden und über dem Herd, dem Hausaltar, aufgestellt. Um diese Zeit wird hart gearbeitet, aber es entsteht auch das Gefühl einer tiefen Befriedigung. Wenn die Getreidefelder kahl sind und die Ernte eingebracht ist, wird zum Anfassen deutlich, was die Wachstumskräfte und das Licht bewirkt haben. Der Gott der Kornfelder ist tot und ruht in den Armen seiner Mutter Erde. Die Sonne verliert an Kraft, die Tage werden kürzer. Das Ritual wird am Nachmittag in Richtung Südwesten ausgeführt.

Im September, wenn Tag und Nacht zur Zeit des Herbst-Äquinoktiums wieder im Gleichgewicht sind, werden die anderen Früchte geerntet: Trauben, Äpfel und

Birnen, die wilden Holunderbeeren, Heidelbeeren, Brombeeren und Schlehen, aus denen man in den langen Winternächten wirksame Zaubertränke und starke Obstweine und Liköre destilliert. Sankt Michael (29. September) ist ein recht heidnischer Heiliger. Die ihm geweihten Kirchen an hochgelegenen Orten erinnern daran, daß er in einer früheren Inkarnation der Sonnengott gewesen ist. Wenn in allen Gärten die Astern leuchten und die Martinsgänse immer dicker werden, kommt die Zeit des Erntedankfests. Man feiert und ist stolz auf die Säcke mit dem Getreide, auf die Ballen Heu und Stroh, auf das Futter im Silo und auf das Grünfutter, das das Vieh durch den Winter bringen wird. In den Kirchen spricht man Dankgebete, und es erschallen die bekannten Lieder: »Wir danken Gott für seine Gaben«, »Erde singe, daß es klinge«. Um diese Zeit sollte jeder Bilanz ziehen über die eigene Ernte an Ideen, abgeschlossenen Projekten oder unerledigten Aufgaben. Man sollte die guten Ideen sicher speichern und sich von denen trennen, die sich überlebt haben.

Halloween (der Abend vor Allerheiligen) oder das keltische Samhain, die nächsten Feste im Jahreslauf, zeigen das Ende des Sommers an. Es ist eine stark von magischen Kräften geprägte Zeit. Diese alten Kräfte machen sich wieder bemerkbar, wenn sich die Tore des Jahres sowohl zur Vergangenheit als auch in die Zukunft öffnen. Das Licht wird immer schwächer, doch gleichzeitig durchströmt eine tiefe, starke Energie die Erde. Wenn das Laub der Bäume in alle vier Winde verweht und die ersten Fröste das grüne Gras weißgrau färben, ist es Zeit, nach Hause zu gehen, sich auf den Winter vorzubereiten und tief in sich selbst nach den Wurzeln neuer Ideen zu suchen. Draußen aber ist es die Zeit für allerlei Streiche und Possen, für Verkleidung, Geister und Dämonen, Hexen und Wahrsager, für die alten Orakel in dunklen Spiegeln. Die Familie versammelt sich wieder vollzählig, die jungen Leute kommen von den Hütten in den Bergen, sie bringen die dort geborenen Babys mit und berichten von ihrem Leben in der Natur. Man spricht aber auch von den Menschen, die durch das Tor des Todes gegangen sind, und man feiert ein großes Fest, zu dem die Seelen aus der Vergangenheit eingeladen werden, damit sie ihre Weisheit mit den Menschen von heute teilen und die Ungeborenen einer fernen Zukunft ihren neuen Eltern begegnen können. Am Abend wenden sich alle dem Nordwesten zu.

Viele der Spiele, mit denen sich die Kinder in England und den USA auf den Halloween-Partys beschäftigen, sind Bestandteile uralter Rituale, die früher um diese Zeit gefeiert wurden. Dazu gehört das Nach-Äpfeln-Haschen, Kastanien rösten, bis sie platzen, um Mitternacht bei Kerzenlicht in den Spiegel sehen, ob der künftige Geliebte sich zeigt, dunkle Speisen essen, sich verkleiden und das Gesicht mit Ruß schwärzen. Die Verkleidung und das geschwärzte Gesicht sollen die bösen Geister fernhalten, weil sie auf diese Weise niemanden erkennen. Ihr schädlicher Einfluß wird auch abgewendet, wenn man die Kleider mit der Innenseite nach außen und noch dazu verkehrt herum anzieht, bevor man ins Haus tritt. Dann werden die Türen geöffnet und große Feuer entzündet, drinnen und draußen, um die Seelen aller verstorbenen Freunde und Vorfahren willkommen zu heißen, zurück bis zu Adam und Eva, von denen jeder Mensch abstammt. Die köstlichsten Speisen und der beste Wein werden zu ihren Ehren bereitgestellt. In Liedern und Spielen wird die Geschichte von der Wende des Jahreskreises erzählt. Beschäftigen Sie sich mit diesen alten Gebräuchen und Überlieferungen. Man findet hier eine Fülle von Material für die Gestaltung eigener Rituale und Feste.

Zuletzt kommen wir zur Jul- oder Weihnachtszeit, die eigentlich aus drei verschiedenen Festen besteht. Da ist einmal die *Wintersonnenwende*, der Tag, an dem die Sonne in das Sternzeichen Steinbock eintritt, ein präzise definierter Punkt des siderischen Jahres. Dann gibt es *Jul*, die längste Nacht des Jahres, wenn in der Dunkelheit und Stille einer Höhle tief im Innern von Mutter Erde die Sonne wiedergeboren wird. Schließlich feiern wir noch die *Weihnacht*, die Geburt des Christkindes am 25. Dezember, vordem der Geburtstag des persischen Sonnengottes Mithras. Man wählte diese Zeit für das Fest, weil von jetzt an jeder Tag um etwa drei Minuten länger wird, und das ist vier Tage nach der Wintersonnenwende schon erkennbar. Es erweist sich also, daß die Gebete, Freudenfeuer, Prozessionen und magischen Beschwörungen tatsächlich gewirkt und die Sonne mit ihrem Licht zur Rückkehr bewegt haben.

Die mit dieser Jahreszeit verbundenen Symbole und Sitten, die grünen Zweige, der geschmückte Baum, die Geschenke, der nachsichtige Umgang mit den Launen der Kinder, der Besuch von Veranstaltungen, der Kirchgang und der Mistelzweig der Druiden, unter dem man sich küßt, das alles spiegelt sehr viel ältere Gebräuche. Wenn es uns gelingt, über die schreckliche Geschäftemacherei, den Materialismus und die glitzernde Fassade hinwegzusehen, bleibt ein im Grunde sehr schönes Fest mit einem tiefen Sinn. Sie können natürlich einen *Jule Log* in den Kamin schieben, das ist eine dicke Eichenwurzel, die während der ganzen zwölf Rauhnächte von Weihnachten bis zum Dreikönigsfest brennen soll. Man entfacht dieses Feuer mit verschiedenen Überbleibseln aus dem vergangenen Jahr, die man eigens für diesen Zweck aufbewahrt hat. Die wertvolle Asche wird später auf den Feldern ausgestreut. Es ist auch üblich, ein Gebet mit der Bitte um Gesundheit und Erfolg, Liebe und Freude für die kommenden zwölf Monate aufzuschreiben und ins Feuer zu werfen oder ein Symbol für die Dinge zu verbrennen, die man loswerden will.

Sie können die Wohnung mit all den alten Symbolen schmücken und den rotgekleideten Sonnengott, Odin aus dem Norden oder Bran aus Wales, in Ihr Haus einladen, damit er es mit Licht erfüllt. Sie können den heiligen Nikolaus willkommen heißen, der zusammen mit seinem Begleiter Knecht Ruprecht die Stiefel mit Geschenken füllt, wie das in vielen Gegenden Europas schon Anfang Dezember Brauch ist. Vielleicht wagen Sie sich am Heiligen Abend sogar um Mitternacht hinaus in einen dunklen Stall und schauen nach, ob die Pferde und Kühe tatsächlich zu Ehren der Gottheit und des neugeborenen Kindes niederknien, wie es in Sagen und Legenden immer wieder behauptet wird. Es gibt Dutzende von Sitten und Gebräuchen, die mit diesem heute so kommerzialisierten Fest verbunden sind. Sie können diese Reste der alten Naturreligion bewahren, wenn Sie die weibliche Gottheit als Jungfrau und Mutter verehren und zu ihrem Gedenken ein Festmahl aus Schweinebraten mit Honig, würzigen Kuchen, süßen Früchten und Nüssen zusammen mit Ihren Freunden und Angehörigen genießen und dabei die überlieferten Sagen und Geschichten erzählen und die alten Lieder singen.

Haben Sie die Möglichkeit oder den Wunsch, solche Feste zusammen mit Freunden oder einer Gruppe gleichgesinnter Menschen zu begehen? Es hängt ganz von Ihnen ab. Wenn Sie bereits zu einem Coven gehören, dann ist dafür gesorgt, daß Sie dem Jahresablauf nach einem entsprechenden Plan folgen. Auch wenn sie allein sind, lohnt es sich wirklich, daß Sie sich mit diesem Thema beschäftigen. Man spürt mit der Zeit, wie der Herr der Wildnis und Mutter Natur sich gegenseitig beeinflussen und ihr magisches Kind hervorbringen und wie die Grundlagen für viele Rituale im Laufe des Jahres erkennbar werden. Suchen Sie nach Rezepten, die für die Jahreszeiten typisch sind, nach alten Symbolen, die noch in unserer Zeit fortleben. Beschäftigen Sie sich mit den Sitten und Gewohnheiten der Menschen, die mit dem Boden und seinen Produkten zu tun haben. Spüren Sie, was in der Erde unter Ihren Füßen vorgeht. Pflegen Sie die alten Gebräuche, säen sie selbst am Karfreitag Petersiliensamen aus und gießen Sie kochendes Wasser darüber, damit er schneller keimt. Lernen Sie, Strohpuppen zu flechten. Man kann solche Puppen auch aus Binsen oder den Stengeln von Lavendelpflanzen anfertigen, wenn man sich keine langen Strohhalme besorgen oder selbst ziehen kann.

Vertiefen Sie sich immer wieder in die alten Sitten und Gebräuche, ob es sich dabei um die Wiederbelebung lokalen Brauchtums handelt oder um die unvergänglichen Feste, denen weder die Zeit noch die Reformation etwas anhaben konnten. Stöbern Sie in den Archiven, in alten Bänden der Lokalzeitung und in den Registern der Bibliotheken Ereignisse auf, die einen Zusammenhang mit Volksbräuchen, heiligen Quellen, mit Bauernregeln und lokalen Festen erkennen lassen. Sie müssen einmal eine Bedeutung gehabt haben, und Sie können diesen tieferen Sinn wieder sichtbar machen, wenn Sie mit Ausdauer und Geduld daran gehen, die wahren Werte aufzudecken. Die Feste waren das Band, das die Einwohner einer Gemeinde zu einer Gemeinschaft machte. Bei den Festen war Gelegenheit, alle Kinder mit den Nachbarn bekannt zu machen, unter denen sie sich sicher fühlen konnten. Die Feste boten Gelegenheit, sich zu vergnügen und zu lachen, sie waren Anlaß für Spaß und Spiel aller Art. Heute ist viel von der Unbefangenheit der echten Überlieferungen verlorengegangen. Der Verlust wird von vielen Menschen tief im Unterbewußtsein schmerzlich empfunden.

Wir können jedes der etwa neun Feste des Jahres so feiern, daß es uns wieder etwas bedeutet. Die Möglichkeiten reichen von dem kleinen Blumengesteck auf dem Bücherregal bis zum großen Volksfest im Freien, an dem ein ganzes Dorf beteiligt ist. Wir können die Harmonie mit der Kraft des zunehmenden Mondes suchen und seinen Einfluß auf unsere Träume und Visionen erkennen. Ebenso können wir uns die unterschiedlichen Kräfte einzelner Mondphasen zunutze machen. Versuchen Sie, im Einklang mit dem Strom der Gezeiten zu handeln, ob das die kurzen Mondzyklen oder die längeren Zyklen der Sonne und der Erde sind. Feiern Sie eine gute Ernte, das Erblühen einer heiligen Blume, den Tag des ersten Schmetterlings und den Tag, an dem die Wildgänse oder die Stare fortfliegen. Richten Sie sich nach der Natur, nicht nach dem von Menschen geschaffenen Kalender.

Lernen Sie, stets die Energie der Erde wahrzunehmen. Fühlen sie diese Kraft, meditieren Sie darüber und lesen Sie nicht nur in Büchern nach, was sich nach Meinung der Autoren abspielen sollte. Finden sie für jedes Fest Ihren persönlichen poetischen Ausdruck. Lassen Sie sich vom Mond inspirieren, betrachten Sie die Welt mit offenen Augen und wachem Herzen. Genießen Sie die guten Dinge des Lebens und lernen Sie aus den schlechten. Nehmen Sie voll und ganz am Leben unserer Erde Anteil. Sie verwandelt und erneuert sich unaufhörlich und ernährt uns zu jeder Jahreszeit mit ihren Früchten. Lassen Sie sich von den Wolken faszinieren, die in immer neuen Formationen über den Himmel ziehen, und freuen Sie sich an der Farbenpracht der Blumen auf den Wiesen. Mutter Natur liebt ihre Kinder.

Schlusswort

Die Naturmagie gehört zum Erbe des Menschen. Einen Teil davon übernehmen wir durch die natürliche Verbindung mit allen Bewohnern des Planeten Erde, einen Teil müssen wir uns durch eigene Anstrengung erschließen. Die Beherrschung der magischen Praktiken und Künste setzt ebensoviel Arbeit und Ausdauer voraus wie das Erlernen anderer technischer Kenntnisse und praktischer Fertigkeiten. Niemand kann uns Wissen und Macht verkaufen, wir müssen mit der Arbeit der eigenen Hände und mit dem vollen Einsatz des Intellekts und der Seele dafür bezahlen.

Wir sind heute weitgehend vom natürlichen Kreislauf der Erde abgeschnitten. Ihre Freigebigkeit nutzen wir maßlos aus. Wir gehen fahrlässig mit den Schätzen um, die sie uns so reichlich schenkt. Nur wenn wir uns bewußt darum bemühen, wieder in Harmonie mit den Gezeiten und mit dem Rhythmus des Planeten zu leben und behutsam die alten Kräfte zu wecken, die uns noch heute zugänglich sind, können wir hoffen, als Spezies oder Gattung in dieser verschmutzten und geschändeten Welt zu überleben. Wir müssen viele alte Fertigkeiten und Techniken neu erlernen. Dazu ist keine kostspielige Ausrüstung, kein kunstvoll gebauter Tempel und kein geheimnisvolles Gerät erforderlich, sondern lediglich persönliches Engagement. Jeder Mensch verfügt über unendlich viele verborgene Fähigkeiten und Talente. Wir müssen uns nur die Zeit nehmen, sie zu entdecken und wieder einzuüben.

Wir müssen aber den Fallen und Stolpersteinen der modernen Welt aus dem Weg gehen. Wir müssen erkennen, was für einzigartige Wesen wir sind, woher wir kommen und wohin wir wollen. Nur durch das Leben in der realen Welt werden wir uns allmählich wieder der anderen Welt bewußt und können sie erforschen. Jene anderen Welten sind immanenter Bestandteil unseres Bewußtseins, und doch scheinen sie weit entfernt und unsagbar schwer zu erreichen. Wir müssen ein festes Fundament in dieser Welt, in diesem Körper und in dieser Zeit bauen, ehe wir uns ohne Gefahr mit unseren Zielen und mit unserem Bewußtsein in andere Bereiche hinauswagen können.

Es gibt keine Möglichkeit, den Eintritt in jene Welten zu erkaufen. Die Initiation öffnet nicht automatisch die verborgenen Türen zur unsichtbaren Welt. Es kann sogar geschehen, daß Menschen, die ohne Vorbereitung und Schulung ein Einweihungsritual durchlaufen, die Tore zu jenen geheimen Pfaden so fest zuschlagen, daß es ihnen nie mehr gelingt, sie zu öffnen, selbst wenn sie später die richtige Unterweisung erhalten und über das erforderliche Wissen verfügen. Niemand kann uns einen Passierschein ausstellen. Wir können auch nicht aus eigener Kraft und Erkenntnis über Wesen aus anderen Wahrnehmungsebenen herrschen oder Elementarwesen und Engel dazu bringen, unseren Anweisungen zu gehorchen. Sie sind um so vieles älter, weiser und größer, und ihre Macht und ihre Möglichkeiten sind ungleich gewaltiger als die des Menschen.

Der Weg der Naturmagie ist recht einsam. Wir müssen erst herausfinden, wo die alten Götter wohnen, wir müssen uns diesen Göttern in Demut nähern, ihnen die richtigen Opfergaben bringen, und wir müssen wieder zu Kindern werden, wenn wir sie in ihrem Bereich aufsuchen. Das bedeutet, die Wahrnehmung, die Phantasie und die visionären Kräfte zu schulen, die wir als Kind besessen haben. Lernen Sie, den Spielregeln und Gesetzen des Geistes und der Erkenntnis zu folgen, die uns das Tor zu

Intuition, Kreativität und Konzentration auf die inneren Bilder öffnen. Erkennen Sie, wo und wann das Spiel beginnt und wann es Zeit ist, damit aufzuhören und das Instrument der Magie, der medialen Sensitivität und der kindlichen Freiheit von Geist und Seele beiseite zu legen.

Lernen Sie, die Gesetzmäßigkeiten und die Kraft unserer Mutter Natur zu lieben, zu achten und zu verstehen. Widmen Sie sich mit ganzem Herzen dem Naturschutz, beschäftigen Sie sich mit den ökologischen Problemen, verschaffen Sie sich ein fundiertes Wissen darüber, was gut für die Erde und alle ihre Bewohner ist und was ihnen besonders schadet. Das alles gilt nicht nur für die äußere Welt, sondern auch für die spirituelle Ökologie. Hier müssen wir den Garten des Geistes pflegen und die Wüste im Innern wieder zum Blühen bringen. Lernen Sie aus begangenen Fehlern, betrachten Sie sie als wertvolle Erfahrung und sehen Sie darin nicht nur schrecklich düstere Bilder, die in den hintersten Winkel des Gedächtnisses verbannt werden müssen. Dort würden sie sich nämlich zersetzen und verwesen, und unter den Nachwirkungen hätten Sie in Zukunft zu leiden. Lernen Sie auch aus den Fehlern anderer, damit Sie nicht dieselben Torheiten begehen.

Haben Sie Geduld und finden Sie sich damit ab, daß sich echte Weisheit nur langsam und organisch entwickelt, genau wie eine Eiche oder der Lauf eines Flusses. Weisheit ist so alt wie das menschliche Bewußtsein, und die Magie ist kaum jünger. Man kann nicht erwarten, in wenigen Wochen wieder Zugang dazu zu finden, auch wenn man noch so methodisch vorgeht. Es erfordert viele Jahre unablässiger Mühe, die eigenen magischen Kräfte unter Kontrolle zu bekommen. Nur so werden Sie aber in der Lage sein, alle Tore, die Sie öffnen, auch wieder nach Wunsch und Belieben sicher zu verschließen.

Bemühen Sie sich stets um Selbsterkenntnis, dadurch werden Sie auch anderen gegenüber aufgeschlossener und einfühlsamer reagieren. Entwickeln Sie für die Bedürfnisse Ihrer Mitmenschen ebensoviel Verständnis wie für die eigenen. Überwinden Sie den Egoismus, verlassen Sie den kurzen, todbringenden Weg einer Magie, deren Ziel nicht die Evolution ist. Bewahren Sie Stillschweigen über die Geheimnisse, die die Erde selbst Sie lehrt. Begegnen Sie allen Wesen, die Sie auf den inneren Reisen treffen, mit der nötigen Achtung. Verdienen Sie sich die Liebe der anderen, indem Sie selbst das lieben, was Sie sind und was Sie werden können. Bemühen Sie sich mit Ihrem ganzen Wesen darum, das Beste zu erreichen. Gewinnen Sie Ansehen und Selbstvertrauen durch Ihr Wirken und durch Ihre Liebe zu dieser Welt. Autorität, Respekt und Beistand sind nicht käuflich, man muß sich ihrer würdig erweisen. Streben Sie stets nach Fortschritt und Weiterentwicklung. Wenn Sie der Natur dienen, dann dienen Sie der Schöpfung.

»Der Herr bringe euch zur Vollendung eures wahren Willens, des Großen Werkes, des Summum Bonum, wahrer Weisheit und vollkommenen Glücks.«

Marian Green
Bath

Weiterführende Literatur

Ashcroft-Nowicki, Dolores: *Magische Rituale*, Hermann Bauer, Freiburg 1990

Asjes, Ellen: *Heilende Öle und Essenzen*, Aurum, Braunschweig 1992 (2. Auflage)

Bach, Edward: *Blumen, die durch die Seele heilen*, Hugendubel, München 1991 (12. Auflage)

v. Belledame (Hg.): *Die persönliche Magie der Pflanzen*, Edition Tramontane, Bad Münstereifel 1991

Dunde, Siegfried R.: *Spirituelles Erleben der Natur*, Econ, Düsseldorf 1989

Graves, Tom: *Pendeln*, Aurum, Braunschweig 1992

Haerkötter, Gerd u. Marlene: *Hexenfurz und Teufelsdreck*, Eichborn, Frankfurt 1986

Miller, Richard A. u. Iona: *Das magische Parfum*, Aurum, Braunschweig 1991

Müller/Köpfer: *Blütenbilder – Seelenbilder*, Aurum, Braunschweig, 1991 (3. Auflage)

Salajan/Cornelissen: *Bach-Blütentherapie: Zubereitungen und Anwendungen*, Aurum, Braunschweig 1991 (4. Auflage)

Scheffer/Storl: *Die Seelenpflanzen des Edward Bach*, Hugendubel, München 1991

Starhawk: *Der Hexenkult als Ur-Religion der Großen Göttin*, Hermann Bauer, Freiburg 1991 (4. Auflage)

Storl, Wolf-Dieter: *Der Garten als Mikrokosmos*, Hermann Bauer, Freiburg 1982

Storl, Wolf-Dieter: *Vom rechten Umgang mit heilenden Pflanzen*, Hermann Bauer, Freiburg 1986

Tegtmeier, Ralph: *Zauber der Runen*, Goldmann, München 1991